知的生きかた文庫

40代からの「太らない体」のつくり方

満尾 正

はじめに

太らない――「一生、元気で若々しい自分」をつくる！

「太らない体をつくりたい」――。

その願いは、「ちょっとしたコツ」で、意外と簡単にかなえることができます。

その「コツ」を紹介するのが、この小さな本です。

私は、日本では数少ない「アンチエイジング医療」の専門医です。二〇〇一年に日本ではじめて「アンチエイジング専門クリニック」を開業しました。

「アンチエイジング医療」とは、簡単に言えば「老化防止」のための医療です。

歳をとることは避けられませんが、「老化の速度や程度」を抑えることはできます。

「アンチエイジング医療」は、**「老化の速度や程度」を抑えて「若さ」を持続させる**新しい医療、または積極的な「予防医療」とも言えます。その現場に立つ医師として、「見違えるほど若返った！」という患者さんの声は、このうえもない喜びです。

　これまでの現代医学は、どちらかと言えば「病気を治す医学」であり、より元気に生きるための「健康をつくる医学」ではありませんでした。しかし「アンチエイジング医療」は、「老化」をコントロールして体そのものを若返らせます。

　こうした医療によって、健康に毎日を過ごせるようになるだけでなく、結果的に「太らない体」をつくることができるのです。

　私たちの体は四〇歳前後になると、「老化」によって筋肉が減り、脂肪が増えます。つまり、「太りやすい体」に変わっていきます。

　これは、歳を重ねれば必ず訪れる「老化のサイン」です。とくに、内臓脂肪が増えることは、糖尿病や動脈硬化といった恐ろしい生活習慣病の原因になるため、注意が必要です。

　そこで、私がこれまで取り組んできた「アンチエイジング医療」の方法を「太らない体」づくりのためにまとめたものが、本書です。

　そのポイントは、老廃物をきちんと排出すること、栄養のバランスを整えること。そして最大のカギを握るのが、**若返りホルモン「DHEA」の分泌を促すこと**です。

「若さ」をつくり出す「男性ホルモン」は、「DHEA」を材料としています。つまり、「ＤＨＥＡ」は、中高年が太る原因である「老化」を抑えるのに欠かせないホルモンなのです。さらに最近では、「ＤＨＥＡ」そのものにも脂肪を燃やす作用があることがわかってきました。

「ＤＨＥＡ」は、まさしく「老化防止」と「脂肪燃焼」の相乗効果によって、「太らない体」をもたらしてくれる「**ミラクルホルモン**」と言えるかもしれません。

「アンチエイジング医療」の方法によって「太らない体」をつくる――これが、本書の目的です。

それは、生活習慣に、たとえば次のような「ちょっとしたコツ」を用いることから始まります。

・一日三回、一〇分ずつ歩く
・食事は野菜を最初に食べる
・できるだけ一一時に寝る

本書が、あなたにとって、「いつまでも元気で若々しい体」を獲得し、充実した人生を送るきっかけとなることを願ってやみません。

満尾　正

『40代からの「太らない体」のつくり方』●もくじ

3章　脂肪・贅肉を一気に捨てる「体の大そうじ」

◉「太らない出し方」と「太らない食べ方」

4章　忙しい人・疲れやすい人「熟睡・快眠のコツ」

◉「グッスリ眠れる人」は若く見える！

5章 「体にいいこと」だけをやりなさい！

◉「健康が詰まった一錠のサプリ」の活用法

本文イラスト――石玉サコ
本文DTP――川又美智子
編集協力――渡辺平一

1章

あなたの人生、今日からの「一週間」が勝負です！

◉いつまでも「若い人」、いつのまにか「老ける人」の差

「太らない体」が人生をさらに豊かにする！

私たちの体は、四〇歳前後になると「太りやすい体」に変わってきます。いわゆる「中年太り」です。

男女ともに、四〇歳前後になると、いつお腹がポッコリしてきてもおかしくない仕組みが、体内にでき上がってしまうのです。

これは象徴的な老化（エイジング）現象の一つ、と言っていいでしょう。

老化とは、歳をとること（加齢）で体の機能が低下すること。さまざまな細胞や器官が衰えて、本来の役割を果たせなくなります。だから太りやすくなる。

これが**「太りやすい体」の正体**だったのです。

こう書くと、「まだ、そんな歳じゃない！」と思う人もいるでしょう。ただ、残念ながら、四〇歳前後になると、私たちの体は確実に老化が始まります。

二〇代や三〇代など若い人の肥満は、食べすぎと運動不足がおもな原因です。つまり、食べたり飲んだりすることで得られたエネルギー（摂取エネルギー）の量が、体を維持するために必要なエネルギーや運動するために使われるエネルギー（消費エネルギー）の量を上回ると太るわけです。

ですから、若いころの肥満というのは、人にもよりますが、食事の制限や運動などのダイエットでわりと簡単に解消できます。

四〇歳前後からの肥満――「中年太り」も基本的には同じ仕組みです。ただ、若い人の肥満とは、決定的に違う点があります。

それは、食べすぎと運動不足だけが原因ではないこと。

老化が原因なのです。

老化が始まると、体は取り込んだエネルギーを使い切れなくなります。

ですから、食事や運動に気をつけていても、太ってしまいます。

つまり、**「中年太り」は、ダイエットではなかなかやせられない**のです。その意味では、中年――四〇代以降は「体が太りたがっている」と言ってもいいでしょう。

もちろん、体が太りたがっているからと言って、そのまま体を太らせていいはずはありません。「中年太り」は人生を幸せに生きるうえで大きな問題になります。

見た目がカッコ悪いだけではありません。

高血圧や糖尿病などの生活習慣病を引き起こす大きな原因になる――**「中年太り」は、まさに生活習慣病の温床**なのです。

お腹の中に体脂肪（体内に蓄えられた脂肪）が必要以上にたまる（内臓脂肪型肥満）と、糖尿病、高血圧、動脈硬化、心臓病といった生活習慣病が起こりやすくなります。

ポッコリしてきたお腹をなでて、「カッコ悪いけど貫禄は出てきたな」などと呑気なことを言っている場合ではありません。

いくつになっても「若さを感じる人」の習慣

「太りやすい体」は、体からどんどん「若さ」を奪います。

「太りやすい体」は老化の象徴のようなものですから、それも当たり前の話です。「体が太る」と、「髪が薄くなった」「顔にシワやたるみができた」「視力が低下した」「息切れがする」といった老化現象が、しだいに現れてきます。

逆に言えば、**「太らない体」をつくれば、若さを保てる**ということです。「太らない体」は、食事と睡眠、適度な運動など、普段のちょっとした工夫によって簡単につくることができます。「太りやすい体」は老化によって生じるのですから、若い体は「太らない体」と言ってもよいでしょう。

「太らない体」の具体的なつくり方については、2章以降で紹介します。

その前に、この章では、「太らない体」のメリットについて説明しましょう。

「人間は外見じゃない。中身だよ」などと言いつつ、「人からどう見られているか」はつねに気になるものです。ファッションだけではなく、体そのものが実年齢より若く見られるとうれしくなります。

たとえば、四〇代になってはじめてのクラス会――かつての級友と自分を比べて「自分はまだ若い」と安心したり、「自分は老けたな」とショックを受けたりするものです。みんな同じ歳なのに、四〇代は「うらやましいほど若々しい人」と「妙に老けている人」の違いがハッキリ出てくる世代と言っていいでしょう。

「四〇代は、体の曲がり角」なのです。

とくに、男性は女性に比べて、この変化の個人差が激しいようです。

それには理由があります。この時期、男性ホルモンの分泌が少なくなりはじめるからです。その影響で、人によっては骨格や筋肉が衰えたり、体力、気力が弱くなります。それが**「四〇代でも若い人」「四〇代で老けた人」の差**なのです。

ですから、お腹が出はじめたら、「オヤジ」っぽくなるのも時間の問題だと思わなければなりません。

「見た目」は、老化速度のバロメーターなのです。

さらに「太らない体」は、それだけで生活習慣病の予防になります。

すでに生活習慣病を持っていても、「太らない体」をつくれば、その改善が図れます。また、五〇代、六〇代でお腹が出ていたとしても、「太らない体」への改造は可能です。この方法は「アンチエイジング（抗加齢）医療」に基づくもので、肌にハリやツヤが戻るといった美容的な若返りも間違いなくできます。

40代は「体の曲がり角」！

「歳をとっても太らない」仕組み

「中年太り」がカッコ悪いのは、「脂肪が多い」からだけではありません。**「筋肉の量が減っている」ことも、カッコ悪さの一因です**。

歳をとると筋肉の量が減り、筋力も衰えてきます。それで、少し走っただけで足が上がらなくなったり、ひどい筋肉痛に悩まされたりするのです。筋肉の量は、マメに運動をしている人でも、加齢にともなって減少していきます。

この筋肉の量の減少が、「中年太り」の根本原因なのです。

筋肉がどの程度減少するかは、部位によって異なります。

たとえば、腕の筋肉は歳をとってもあまり減りません。ところが、体の中でももっとも大きい太ももの筋肉は、一般に四〇代では二〇代の約九〇パーセント、六〇代では二〇代の約七〇パーセントにまで減少すると言われています。

では筋肉が減るとどうなるか――。

その分、細くなるのではありません。

減った筋肉はその分、脂肪に置き換わります。

これが、「体脂肪」と呼ばれる脂肪です。

肥満は、エネルギーの「摂取」と「消費」のバランスが悪くなることで起こります。

摂取エネルギーは、食べたり飲んだりする量が多いほど、また、カロリーの高い食材が多いほど増えます。そして摂取エネルギーが消費エネルギーを上回れば、消費されずに残ったエネルギーが体脂肪となり、それが蓄積されて肥満になるのです。

消費エネルギーは、「体を維持するエネルギー」と「体を動かすエネルギー」の二つに大きく分けられます。

ここでポイントになるのは「体を維持するエネルギー」。

体はじっとしているときでも、呼吸をしたり、体温を保ったり、心臓を動かしたりと、「体を維持するエネルギー」が必要です。これを「基礎代謝」と言い、その量を「基礎代謝量」と呼びます。

「体を維持するエネルギー」は、おもに筋肉でつくられます。つまり、筋肉の量の多い人は基礎代謝量が多く、筋肉の量の少ない人は基礎代謝量も少ないということになります。

ですから、筋肉の量が減ると基礎代謝量が低下し、摂取エネルギーの量が消費エネルギーの量を上回って「太りやすい体」になります。そして、お腹が徐々に出てくるわけです。

これが、「歳をとると太りやすくなる」仕組みです。

基礎代謝量は、一〇代後半にピークに達して以降、低下していきます。

四〇代を境にして、その低下の度合いが大きくなります。これを放っておけば、五〇代から六〇代になるとガクンと落ちます。ここに、**四〇歳になったら、「太らない体」をつくらなければならない理由**があるのです。

基礎代謝量は性別、年齢、体重によって異なります。各年代の平均的な基礎代謝量は、「基準体重×基準基礎代謝値」で求められます。「基準体重」はそれぞれの年代の平均的な体重で、「基準基礎代謝値」とは、体重一キログラムあたりの消費エネルギー量です。

男性の年代別の一日の平均的な基礎代謝量は、およそ左ページのようになります。

「中年以降が太りやすい」理由

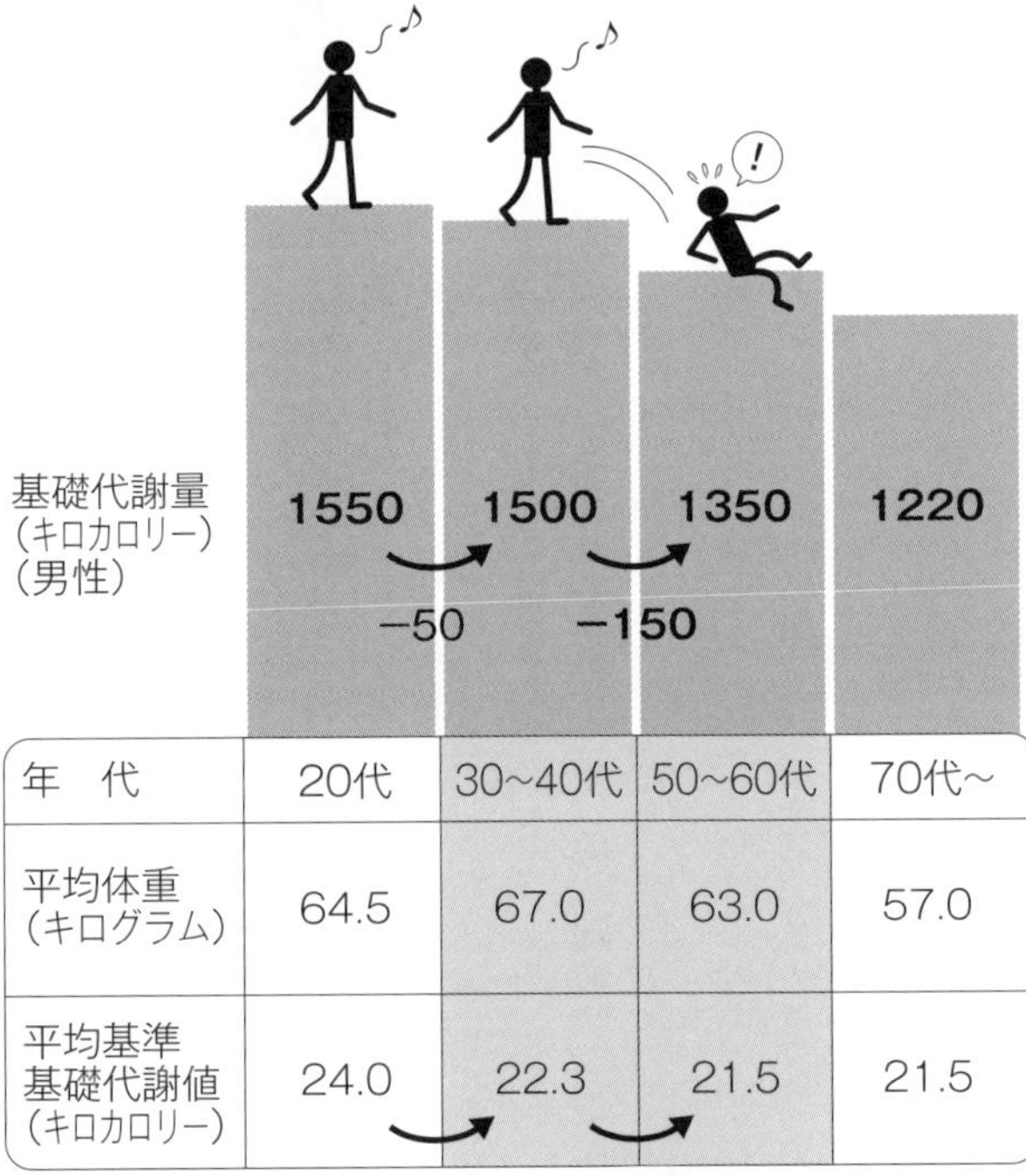

年　代	20代	30〜40代	50〜60代	70代〜
平均体重（キログラム）	64.5	67.0	63.0	57.0
平均基準基礎代謝値（キロカロリー）	24.0	22.3	21.5	21.5

−1.7　−0.8

ここが「太る」「太らない」の分かれ目！

（参考：厚生労働省『第六次改定　日本人の栄養所要量』）

これはあくまでも目安ですが、四〇代を無為に過ごすと、一〇年後、二〇年後に大きな落差となって自分にはね返ってくることが、おわかりいただけると思います。

隠れ肥満——いつのまにか「みるみる太る人」

四〇代になると「隠れ肥満」になる人がいます。

一見すると、**太ったようには見えなくても、じつは「肥満」**——という人です。

四〇代になっても、「お腹回りは八五センチ以内、体重も三〇代のころとあまり変わらない」といった人が、じつは結構危ないのです。安心していてはいけません。それは、四〇歳あたりから、体重は標準の範囲でも体脂肪率が高い、という人が増えるからです。

これが、「隠れ肥満」です。

見た目はカッコ悪くなくても、立派な肥満。知らないうちに、病気を引き起こす環境が体内につくられているということですから、気をつけなければなりません。見た目ではわからないだけに、**とても「危険な肥満」**と言えるでしょう。

こうなると、どんなに昔と体型が変わっていなくても「メタボ（メタボリックシンドローム）」予備軍です。

この「メタボリックシンドローム」について、「じつはよく知らない」という人が多いのではないでしょうか。簡単に説明しておきましょう。

わが国の基準では、腹回りが男性で八五センチ以上、女性で九〇センチ以上あると、内臓の周りに体脂肪がたまりすぎた「内臓脂肪型肥満」と見なされます。

同じ肥満でも、若い人の肥満のほとんどは、皮下に脂肪がたまる「皮下脂肪型肥満」です。

皮下脂肪は、つきすぎると体に負担をかけるなど、健康に悪い影響を与えますが、生活習慣病の引き金にはなりません。むしろ、いざというときに使えるようにエネルギーを貯蔵したり、体を保温したりするという大切な役目を持っています。女性の場合、妊娠・出産には必要不可欠です。

一方、**内臓の周囲にたまった体脂肪は、生活習慣病の原因**になります。

そして、この「内臓脂肪型肥満」に、高血圧・脂質異常（血液中のコレステロールや中性脂肪――おもに食事からとられた脂肪――が異常に多い状態）・高血糖のうち、二つ以上の症状が重なった状態。これが、「メタボリックシンドローム」――俗に言う「メタボ」です。とくに、糖尿病や高血圧、動脈硬化、心臓病といった生活習慣病が引き起こされやすくなっている状態を指します。

では、なぜ四〇代になると「隠れ肥満」も含め、「メタボ」になる危険性が高まるのでしょうか。

それは、前項で述べた「基礎代謝量」に関係しています。

かりに、あなたが四〇代、五〇代で、二〇代のころと同じように食べ、飲み、活動していると、どうなるか。

二〇代のころと何も変わらない？

――いいえ。「基礎代謝量」が落ちているため、**たとえ同じように活動していても消費エネルギーは格段に低くなっている**のです。

ズバリ言えば、基礎代謝量の差が、「中年太り」を生み出します。

あなたのお腹に「ハンバーグ二〇個分の脂肪」？

二〇代のあなたと四〇代のあなた——。

一番の違いはどこにあるのでしょうか。

一日に「食べる量」と「消費する量」を見て、**二〇代と四〇代とでエネルギー摂取とエネルギー消費のバランスを比較**してみましょう。

「消費量」は、体を維持するためのエネルギー消費量（基礎代謝量）と、体を動かすためのエネルギー消費量（活動量）を合わせたものですが、平均的な「活動量」は、「消費する量」の全体の約三〇パーセントとされています。

ということは、「基礎代謝量」は、「消費量」全体の七〇パーセント。つまり「基礎代謝量」を基本にして考えれば、「消費量」全体は「基礎代謝量」を〇・七で割ると求められる、ということです。

この考え方をもとに、まず二〇代の摂取エネルギーと消費エネルギーのバランスを見てみましょう。

二〇代の平均的な基礎代謝量は一五五〇キロカロリーです。

これを〇・七で割ると「消費量」は約二二〇〇となり、そのうち三〇パーセントの六五〇キロカロリーが「活動量」となります。摂取エネルギーが、すべて消費されている計算です。

一方、四〇代はどうでしょうか。四〇代の平均的な基礎代謝量は一五〇〇キロカロリー。仮に二〇代と同じように食べ（摂取エネルギー二二〇〇キロカロリー）、体を動かしていたとしても（活動量が六五〇キロカロリー）、基礎代謝量が減っている分、一日に五〇キロカロリーが余る計算になります。

実際には、四〇代になれば二〇代のころより食べる量は減るでしょう。**しかし同時に、活動量もガクンと減ります。**

二九ページの表を見てください。

仮に食べる量が一五〇キロカロリー（ごはん茶わん一杯分ほど）減っても、活動量が半分に減れば、毎日、二二五キロカロリー（ごはん茶わん一・五杯分ほど）も余る

食べる量が減っても「40代が太る」理由

単位：キロカロリー

	食べる量	消費する量（基礎代謝量＋活動量）	余分なカロリー
20代	2200	2200（1550+650）	0
40代	2050	1825（**1500+325**）	**225**

食べる量は減っても…… ➡ 基礎代謝量も活動量も20代より低い ➡ これが「40代が太る」もと！

計算になります。三カ月で二キログラム。これが体脂肪となって体内にたまってしまいます。

三カ月で二キログラムとは、どういうことでしょうか。

極端に言えば、**一〇〇グラムのハンバーグ二〇個分の脂肪が、あなたのお腹に加わるようなもの**です。

これは放ってはおけません。

歳をとると自然に減る活動量を、がんばって二〇代のころと同じに保ったとしても、「基礎代謝量の低下」という落とし穴があります。「中年太り」は食事量を減らして、運動量を増やすといったダイエットをしても解消できないのです。

それよりいい方法があります。

繰り返しになりますが、「太りやすい体」になるのは、老化で基礎代謝量が落ちることが原因です。ならば、その「大もと」の「老化」を抑えればいいのです。

その方法は心身の負担にはなりません。日常の生活をちょっと改善するだけでいいのです。それが「太らない体」づくりへの近道になります。

「老化」を止める法——まず「酸化・糖化・ホルモン変化」を防ぐ

人間の本来の寿命は、一二五歳と言われています。

しかし実際は、その歳まで長生きする人はきわめてまれです。日本人の平均寿命は八三歳、つまりほとんどの日本人は、一二五歳どころか一〇〇歳になる前に亡くなっています。

糖尿病、心臓病、脳卒中、がん……寿命を縮める病気のほとんどが、「老化」がもとになって発生します。この「もと」を抑えることができれば、寿命を縮める病気を予防することができ、**いつまでも若々しく元気でいられる**のです。

四〇代はすでに老化が始まっている——自分の体が不安になってきた人は、三三ページの「老化度自己チェック表」で調べてみてください。

五項目以上にチェックがつけば、間違いなく体の老化が始まっているということです。そして、本人が気づいていないだけで、すでに老化によって「太りやすい体」になっている人もいるはずです。そこで、**老化そのものを食い止めるようにすれば、今からでも「太らない体」をつくることができる**のです。

ただし、老化には「止められる老化」と「止められない老化」があります。「視力が低下した」「息切れがする」「顔にシワやたるみができた」「肌が荒れた」「髪が薄くなった」といった老化現象や生活習慣病、がんなどの病気には、「止められるもの」と「止められないもの」があるのです。

「止められない老化」とは、歳をとると必ず起こる細胞やホルモンの機能低下です。歳を重ねると誰もが避けられない老化現象ですから、止めることができません。

一方、「止められる老化」とは、どのようなものでしょうか。

四〇代を迎えた体には、「三つの大敵」があります。

①活性酸素による酸化
②タンパク質の糖化
③ホルモン分泌の変化

40代、もう「老化」は始まっている！

- □駅の階段など少しの運動でも動悸・息切れがする。またはは病院で「不整脈」と言われたことがある。
- □食事の後は、たいてい胃がムカつく。
- □下痢、または便秘になりやすい。
- □歯を磨くと血が出る。または口臭が気になる。
- □息苦しい。または咳やたんが増えた気がする。
- □トイレの回数が増えた。またはときどき尿モレする。
- □嗅覚、視力、聴力のうち一つでも低下している。
- □意欲や記憶力が低くなった気がする。
- □1年前に比べて性欲が減退。または勃起しにくい。
- □シミ、シワ、タルミのうち一つでも気になる。
- □かぜをひきやすくなった。または前に比べて切り傷、すり傷が治りにくい気がする。
- □関節痛がある。または筋力低下が気になる。
- □寝つきが悪い。または眠りが浅い。早朝に目覚める。

この三つは、二〇代の若い体でも起こっていますが、とくに、**四〇代以降の体にとっては、老化に直結する大敵**です。これらが細胞やホルモンの機能低下を招き、老化を加速させるのです。動脈硬化、糖尿病などの生活習慣病やがん、アトピー性皮膚炎、うつといった病気や美容的な問題、運動能力の低下の原因になります。

しかし同時に、この三つは食事、睡眠、運動、ストレス対策など、生活習慣を少し見直すことで、いくらでも防ぐことができるもの——つまり、「止められる老化」と言えるのです。

しかし、実際には、「止められる老化」と「止められない老化」とが合わさって老化は進行しています。ですから、意識して「止められる老化」を抑えるようにすれば、かなりの度合いで老化にブレーキをかけることができます。

それには「三つの大敵」を一つひとつ倒していけばいいのです。

体の「錆び止めをする」簡単なコツ

四〇代になると、体に「錆び」が出ます。

最初の敵である「酸化」とは、いわば「**体が錆びる**」ということです。

頑丈な鉄も、長く外気にさらされていると酸素と反応し、錆びてボロボロになります。この反応が「酸化」です。

自転車の車輪軸やチェーンは、錆びると動きが悪くなってしまいます。そこで、油脂などの「錆止め」を使います。

じつは体の中でも、同様のことが行なわれています。

体は、食物から取り込んだ糖質（ブドウ糖）や脂質に、外気から取り込んだ酸素を反応（燃焼）させてエネルギーをつくり出し、生命を維持しています。このときに発生するのが「活性酸素」です。

「活性」とついているため、何となくいいイメージを抱く人もいるかもしれません。

しかし実際には、「活性酸素」は、体に悪影響を及ぼす酸素です。

というのも、「活性酸素」は細胞を構成する脂質などを「酸化」させ、傷つけるからです。

そのため細胞が死んだり、働きを失ったりして、本来の役目を十分に果たせなくなるといった変化が起こります。**活性酸素は、「体を錆びさせる」**のです。

生きている限り、体内での「活性酸素」の発生は避けられません。

と同時に、体はうまくできているもので、「活性酸素」を毒性の低い物質に変えて消去する「ＳＯＤ（スーパーオキサイドディスムターゼ）」などの酵素を持っているのです。

ところが、この「消去酵素」は歳をとるにつれて減っていきます。

太りやすくなる四〇歳前後からは、この酵素の減り具合をできるだけ抑えなければなりません。

意外に知られていない「若返り食材・ニンジン」の効能

「あなたの体を錆びさせる活性酸素」を抑える方法を紹介しましょう。

「活性酸素」はエネルギーをつくるときに発生するものですから、発生を止めることはできません。

しかし、**抑える方法はある**のです。

二〇代の若い体なら、「活性酸素」を消す酵素が十分あります。しかし、前に述べたように、この「消去酵素」は歳をとるにつれて減っていきます。

となれば、私たちにできることは、この酵素の減り具合をできるだけ抑えることと、減った分を補うことです。

活性酸素を消す酵素はタンパク質を材料とし、亜鉛、銅、マンガンなどの助けを借りてつくられます。これらの栄養素が不足しないよう、心がけなければなりません。

とくに、亜鉛は不足しやすいので、意識してとることが肝心です。亜鉛はカキ（牡蠣）、レバーに含まれます。

「活性酸素」を消去する物質は、ほかにもあります。「抗酸化物質」、あるいは「スカベンジャー」と呼ばれています。ベータカロテン、ビタミンC、ビタミンE、ポリフェノール、フラボノイドがその代表です。これら「抗酸化物質」を含む食材を、積極的にとりましょう。

たとえば次の食材が挙げられます。

①ベータカロテン
ニンジン、カボチャ、ホウレンソウなど

②ビタミンC
レモン、ミカン、ブロッコリー、コマツナなど

③ビタミンE
アーモンド、ホウレンソウ、カボチャ、イワシなど

④ポリフェノール

赤ワイン、ブルーベリー、ココア、緑茶、リンゴ、ダイズなど

⑤フラボノイド

レタス、シュンギク、タマネギ、ダイズ、緑茶、柑橘類の皮など

老化で活性酸素を消去する酵素が減少しても、意識的に抗酸化物質をとり入れれば十分、補えます。

①から⑤の群で、「あまりとっていないなあ」という群があれば、まず、その中から食材を一つ選んで積極的にとるようにします。「前より、少しは多くとるようになった」といった程度でかまいません。

たとえば、「コーヒーを一日に三回飲むところ、一回はお茶にしよう」と、お茶の回数を増やす、といった具合です。このように意識づけをして、それぞれの群で食材の種類を増やしていきます。全部とる必要はありません。

中でも、**意識して食べてほしいのは、ニンジン**です。英語の「キャロット」は「ベーターカロテン」が語源となっているほど、ベーターカロテンを大量に含んでいる「緑黄色野菜の王様」なのです。

ニンジンのすごい効果は、抗酸化作用だけではありません。ニンジンには抗がん作用もあり、食物繊維、ビタミンB_1、ビタミンB_2、ビタミンCのほか鉄分やカリウム、カルシウムなどのミネラルも多く含まれています。

どれも体を老化から守ってくれる栄養素ばかり——つまりニンジンは、生活習慣病の予防にはもってこいの食材なのです。

実際、ニンジンは、昔から民間療法として、疲れ目、肌荒れ、冷え性、かぜ、高血圧、便秘、下痢、せき、夜尿症などの予防・改善に使われてきました。

ニンジンは、年中、手に入る食材ですから、いつでも手軽に食べることができると思います。ベータカロテンは油といっしょにとると吸収力がアップするので、野菜炒めにしたり、野菜スティックにしてオリーブオイルと塩で食べたりするといいでしょう。

もう一つ重要なのは、**そもそも体内に「活性酸素」をたくさん発生させないようにする**ことです。

「活性酸素」の大量発生につながるのは、次の「五つの習慣」です。

まず、第一の習慣として「喫煙」があります。

タバコの煙を吸い込むと、白血球がその物質を除去しようとして多量の「活性酸素」をつくり出すのです。タバコの煙には「活性酸素」の一つである過酸化水素も含まれているので、喫煙は百害あって一利なしなのです。

第二の習慣として、「お酒の飲みすぎ」があります。

肝臓でアルコールを分解するときに、「活性酸素」が発生するのです。

第三の習慣として、「激しい運動」があります。

テニスやサッカーなどの動きの激しい運動だけではなく、肩で息をするほどのジョギングや、後でしばらく休みたくなるようなきついウォーキングも、激しい運動です。**エネルギーを大量につくると、発生する「活性酸素」も多くなる**のです。

第四の習慣として、「食べすぎ」があります。

食べて消化・吸収するにもかなりのエネルギーを使うので、食べすぎると「活性酸素」の発生量が多くなるのです。

食事はいつもお腹いっぱい食べないと食べた気がしないという人、満腹でも好物があるとつい手を伸ばしてしまう人、間食が習慣になっている人は食べすぎる傾向にあります。

最近は「食べすぎ」という感覚が働かない人も多いようです。そういう人は、食べたい欲求にまかせてひっきりなしに食べものを口にする過食症や、何らかの胃腸障害を抱えていることが考えられます。

「食べても食べても満足できない」といった症状のある人は、専門医に相談することをおすすめします。

第五の習慣として「ストレス」があります。

ストレスが続くと体の機能が低下し、「活性酸素」が発生しやすい環境になります。また、**ストレスに対抗するホルモンを処理するときにも「活性酸素」が発生**します。

ストレスを感じる環境は、簡単に変えられるものではありません。でも、後の章でも述べるように、睡眠のとり方など、日常の工夫次第で少しずつ軽減することはできます。

こうした生活習慣は、すぐに変えろと言われてもなかなかむずかしいものでしょう。それでも、できることを意識してやるようにすれば、だいぶ軽減できるはずです。

食べても食べても「太らない食べ方」

四〇代からの大敵の一つ、「糖化」について簡単に説明しましょう。

体を構成する主要な成分は、タンパク質です。細胞も大部分がタンパク質で、酵素や脳の情報伝達物質もタンパク質です。

その大事な成分が糖（ブドウ糖）によって変化します。これを「糖化（グリケーション）」と言います。**糖は生きるためのエネルギー源**なので、生きている以上、「糖化」は起こってしまいます。

そうなると、「糖化」されたタンパク質同士がくっつき、絡み合います（プロテインリンケージ）。そのためタンパク質の働きが悪くなって、体の機能低下へとつながります。体の機能が低下するということは、エネルギー消費も滞りがちになるということ。つまり、余分な脂肪がたまり、太りやすくなるということです。

たとえば「糖化」が脳の神経細胞に起こると、「うつ」になりやすいとされています。

血管であれば、「糖化」で傷んだところに大敵その一、「酸化」が加わるとダブルパンチで動脈硬化がより発生しやすくなります。また、血管が硬くなって血流が悪くなり、手足の冷えの原因にもなります。また、皮膚の「コラーゲン」というタンパク質が「糖化」すると、肌の弾力がなくなり、一気に老けた印象になります。

こうした健康障害を引き起こす「糖化」は、言ってみれば、自転車の歯車の間に、**油ではなく砂糖水を流し込むようなもの**。砂糖水をさすと、ベトつきが強くなって歯車が動かなくなり、自転車は使えなくなってしまいます。体にも、同じことが言えるわけです。

糖は生きるためのエネルギー源ですから、生きている以上、「糖化」は起こってしまいます。ただし、これも日常生活をちょっと見直すだけで、過剰な「糖化」が起こりにくい体内環境はつくれます。

今日から、次の三つに気をつけた食生活を始めてください。

まず、「一気に大量に食べない」こと。これは個人差がありますが、一回の食事には**最低でも二〇分**かけます。これが目安です。糖が血液で脳に運ばれると、満腹中枢から満腹のサインが出ます。それにかかる時間が二〇分程度なのです。つまり、食事をしている最中に、満腹サインを受けるようにするのです。そうすると、食欲が抑えられます。

二つ目は「糖質の多い食材はたくさん食べない」こと。穀類、イモ類、甘いものを控えることも大切です。

三つ目に、「十分に間を置いて食べる」こと。

六時間おきに三食をきちんととるのが理想ですが、現実はそうはいきません。ですが、せめて就寝三時間前には夕食を終えることを原則にして、朝昼をとります。そして少し空腹感を覚えて寝ます。食べものを胃の中に残して寝ると消化に良くないだけでなく、吸収された栄養素が燃焼することなく脂肪として蓄えられてしまいます。

この三つが太らないための食べ方で、「太らない体」をつくる秘訣の一つです。

「糖」は体の大切なエネルギーの一つです。ただ、**とりすぎると「糖化」という悪い作用が過剰に働いてしまう**。このことをぜひ覚えておいてください。

ストレスで男性ホルモンが減る——肥満の一大要因

「ストレス太り」という言葉がありますが、まんざらウソでもありません。四〇代の体の大敵その三、「ホルモン分泌の変化」は、ストレスと関係している場合が少なくないからです。

精神的なストレスを受けると、体は副腎皮質（腎臓のすぐ上にあり、多くのホルモンを分泌する器官）からストレスホルモン（コルチゾール）を分泌します。

強いストレスや激しいショックを受けた場合にも大量に分泌され、「ここ一番！」とがんばるときなども、ドッと出ます。

ストレスホルモンは、こうして過度なストレスから、体と心を守ろうとしているわけです。

ただ厄介なのは、**このホルモンはほかの部分でさまざまな悪影響を及ぼす**ことです。

ストレスホルモンは、ほかのさまざまなホルモンの分泌を妨げます。若さを保ち、免疫力を維持するホルモン（ＤＨＥＡ）をはじめ、性機能にかかわるホルモン（テストステロン）、睡眠に関係するホルモン（セロトニン、メラトニン）などの分泌を減少させてしまうのです。

このように、**老化の一大要因となるストレスは、「中年太り」にも直結**しています。

ストレスを受けた際に分泌されるストレスホルモンには、筋肉からアミノ酸を取り出して、糖分に変える働きがあります。

その結果として血糖値が上がります。すると今度は血糖値を下げるために、すい臓からインスリンが分泌されます。インスリンは細胞に働きかけて、血液中に増えた糖質を脂肪に変えていきます。

こうした状態が続くと筋肉量が減少して、脂肪が増えてしまいます。

また、ストレスによって、男性ホルモンが減ってしまうこともよく知られています。これは大脳の中枢にある性ホルモンの分泌をコントロールする器官がストレスによって十分に働かなくなるために起きる現象です。

男性ホルモンは、筋肉を増やし脂肪を減らす代表的なホルモンです。

つまり、**男性ホルモンの減少が続くと、筋肉がやせて、お腹周りの脂肪が増えやすい体型**になってしまうということです。

こうした状態が長く続けば、当たり前の結果として「中年太り」が進んでいきます。

若返りホルモン「ＤＨＥＡ」が増えると、健康になる！

あなたを若返らせる——そんなホルモンがあります。

四七ページで少し触れた「ＤＨＥＡ」。正式には「デヒドロエピアンドロステロン」というホルモンです。コレステロールを原料にして、副腎皮質でつくられています。

「ＤＨＥＡ」は、男性ホルモン（テストステロン）や女性ホルモン（エストラジオール）の材料になるほか、多様な働きをしています。筋力、免疫力から意欲、行動力まで、多くの機能を維持し、さらには発がんの抑制、骨粗しょう症の予防といった働きも認められています。

近年、欧米で「ＤＨＥＡ」の研究が進み、「ＤＨＥＡ」の血中濃度が低い人に**「ＤＨＥＡ」を補充すると、若々しく、元気になる**ことがわかってきました。このことから、「ＤＨＥＡ」は「若返りホルモン」と言われるようになったのです。

数年前まで、「ＤＨＥＡ」は歳をとるにつれて分泌量が減少するとされていました。その血中濃度は二五歳ころをピークに、四〇代で約半分に低下する、とまで言われていたのです。

しかし、最近の研究結果は、少し違った見解を示しています。高齢でも若々しく元気で活動的な人は、「ＤＨＥＡ」の血中濃度が二〇代とあまり変わらないことがわかってきたのです。

あなたの今の「ＤＨＥＡ」血中濃度は、はたしてどれくらいでしょうか。

「ＤＨＥＡ」の血中濃度が低くなると、次のような「三つの低下」症状が出てきます。

①「筋肉量」「筋力」が低下する

たとえば、階段や坂道を上るのがきつくなります。さらには、つまずいたり、筋肉痛になったりすることが多くなります。

②「免疫力」が低下する

たとえば、傷が治りにくくなったり、かぜをひきやすくなったりします。

③「意欲」が低下する

仕事に対するやる気を失うだけではありません。これまで好きだったこともおっくうに感じるようになります。

「ＤＨＥＡ」の血中濃度が下がる一大要因は、やはりストレスです。

ストレスホルモンも「ＤＨＥＡ」も、コレステロールを原料として副腎（腎臓の上にあり、多くのホルモンを分泌する器官）でつくられます。そこで、強いストレスに対応するためにストレスホルモンが大量につくられると、コレステロールが不足する――つまり、「ＤＨＥＡ」は「材料不足」に陥ってしまうのです。

すると、さまざまな不調が現れます。

先ほども述べたように、「ＤＨＥＡ」は、男性ホルモンの材料でもあります。男性ホルモンは、男性だと精巣（睾丸）でつくられています。女性は副腎や脂肪でつくられます。性機能のほか、筋肉量や筋力の維持にもかかわっており、「活動する力の源」とも言うべきホルモンです。つまり、**若い体、太らない体に不可欠なホルモン**と言えます。

ところが、現代人は、とくに男性ホルモンの分泌低下が進みやすい、と言われています。現代人は、絶えずストレスにさらされています。そのため、「ＤＨＥＡ」から男性ホルモンをつくる過程で、しょっちゅうストレスホルモンの過剰分泌の妨害を受けてしまうためと考えられています。

若々しい心身を復活させ、維持するためには、適切な休養と睡眠をとって、ストレスをやわらげなければなりません。

できるだけ夜の一一時に寝る
――「明日の自分」を元気にする習慣

「ぐっすり眠る大人は太らない」――。

「寝る子は育つ」と言いますが、**大人の老化防止にも睡眠は重要**です。

子どもの成長を促す成長ホルモンは、思春期をピークに歳をとるにつれて分泌量は低下しますが、大人でも分泌されています。

この成長ホルモンが分泌されるのが、おもに睡眠中なのです。一般的に、夜一〇時から午前二時までの間をグッスリと眠っていれば、分泌がさかんになります。せめて夜一一時には、床につきたいものです。睡眠の上手なとり方についてはあらためて、4章でお話しします。

このホルモンには、日中に紫外線を浴びて傷ついた皮膚や、運動などで傷ついた筋肉を修復したり、疲労のもとを除去したり、免疫活動を高めたりと、眠っている間に体をメンテナンスする働きがあります。疲れて弱った体の回復を促します。つまり、「太らない体」を維持してくれるホルモンなのです。

だから「寝る子は育つ」だけでなく、「**ぐっすり眠る大人は体が若い**」と言えるのです。

成長ホルモンの分泌が悪くなると、四〇代・五〇代には警告となるような次の症状が現れます。

- 太り出す
- 疲労が蓄積する
- かぜをひきやすくなる
- 食欲がなくなる
- 食の好みが変わる
- 皮膚が荒れる
- 筋肉痛が続く

四〇歳を境にして、これらの症状に一つでも思い当たれば、それは老化が始まって「太りやすい体」に変わりつつある、というサインです。実際に、「太り出す」ことが症状の一つになっています。

そろそろ四〇代だから、これらの一つや二つはあるのは当たり前だ、と軽く見てはいけません。一つでも出てくれば、次々に症状が現れるのは時間の問題で、**「中年太り」が進むだけでなく、老化もどんどん速まっていく**のです。

じつは、老化防止（アンチエイジング）の歴史は、この成長ホルモンの研究から始まっています。

成長ホルモンの分泌量が歳とともに低下することは、以前からわかっていました。また、近年になって、成長ホルモンが不足すると、先に挙げた「太り出す」などといった老化現象が現われることもわかってきました。

そこで、アメリカのダニエル・ラドマン博士という研究者が、**高齢者の成長ホルモンを増やせば老化現象が改善する**のではないか、と着目します。一九九〇年、博士は「正常な六一歳から八一歳までの男性に注射投与したところ、体脂肪が減ってスリムになった」という研究結果を発表しました。

そのうえ、筋肉量が増えて運動能力がアップし、血中コレステロールが減って動脈硬化のリスクが低下したことも確かめられています。

ラドマン博士の発表後、成長ホルモンは「若返りの薬」として注目され、世界中で研究が盛んになりましたが、現在では異論が多く唱えられています。

外部から成長ホルモンを補充することによる副作用や、発ガンとの関係などが指摘され、成長ホルモン補充療法は特殊な病態を除いては安易に行なうべきではないとされています。

そこで私のクリニックでは、次のような方法で成長ホルモンレベルを維持するようアドバイスを行なっています。

第一に、「良い睡眠」を確保すること。第二に、寝る前には糖質やアルコールを過度にとらないこと。第三は、軽い運動。そして第四は、血液中の「ＤＨＥＡ」レベルを維持することです。

とくに四〇代・五〇代に「ＤＨＥＡ」を重要視してほしい理由は、これが男性ホルモンであるテストステロンの材料になるからです。

「ＤＨＥＡ」は、前にも述べたように男性ホルモンの材料になります。

男性ホルモンの一つ、テストステロンは、男女を問わずきわめて重要な働きをしていますが、その役割の代表は、筋肉をつくる働きです。

脂肪細胞の中にある「幹細胞」と呼ばれる細胞が、筋肉になるか、それとも脂肪になるかを決定づけているのが、テストステロンである可能性が最近の研究でわかってきました。

ところが、帝京大学の堀江重郎教授の研究によると、**四〇代、五〇代の男性のテストステロンレベルが六〇代、七〇代の男性よりも低い**という衝撃的なデータが報告されているのです。原因は明らかではありませんが、その意味でも、「四〇代は体の曲がり角」と言えるのです。

ここで「止められる老化」を確実に止めるかどうかで、その後の体、ひいては人生が変わってきます。

と言っても、気をつけなければならないのは、ちょっとした日常的な習慣だけなのです。次章から、「止められる老化」を食い止め、「太らない体」をつくる習慣術を、具体的にご紹介していきます。

2章

すぐ効く！　太らない「歩き方」「体の動かし方」

●今すぐ、誰でもできる「太らない自分」のつくり方

四〇代から「自分の体を絞る」一番いい方法

「太らない体」をつくる最初の習慣は、「軽い運動」です。

運動と言っても、ただ体を動かせばいいというものではありません。

「太らない体」をつくるための運動は、三つあります。

①有酸素運動
②筋肉トレーニング
③ストレッチ

の三つです。

どれも、「軽い運動」です。すでに、「中年太り」になっている人でも、毎朝走ったり、週に何回もスポーツジムに通ったりして強めの運動をする必要はありません。「太らない体」をつくるには、「軽い運動」で十分なのです。

「軽い運動」とはいつでもどこでも気軽にやれるもので、四〇代から「太らない体」をつくるコツです。

このコツは、**若返りホルモンの「DHEA」の分泌を促して、「いつまでも若い体」でいられるようにするもの**でもあります。ホルモンの分泌を正常化して、肥満や病気につながる老化を抑えるのです。

まず、①の有酸素運動とは、酸素を体に取り込み、それによって体内の糖質や脂肪をエネルギーとして消費する運動です。体内エネルギーは、食事でとった糖質や脂質（脂肪）に酸素を反応させてつくり出されます。また、つくり出すときだけでなく、体内エネルギーを実際に消費するときにも、酸素を必要とします。

なぜ有酸素運動が「太らない体」をつくるのに役立つのでしょうか。

ひと言で言えば、有酸素運動によって、全身持久力が高まるからです。

全身持久力とは、言い換えれば「スタミナ」のこと。少し動くと息切れがし、動けなくなる人を「スタミナがない」、長く動いても息切れせずに動ける人を「スタミナがある」と言います。このスタミナが、全身持久力なのです。

したがって、短距離走でのスピードがどこまで続くか（スピード持久力）、腕立て伏せのように一部の筋肉を使ってどのくらいできるか（筋持久力）、といった「持久力」とは区別されます。

全身持久力が高くなるということは、**少ない酸素で多くの活動が行なえる**ということです。

全身持久力の低い人は、高い人に比べて心臓・血管の病気にかかるリスクが高く、死亡率が四〜五倍も高いとされています。

したがって、有酸素運動で全身持久力を高めておけば、**肥満を抑えるのはもちろん、心臓や血管の病気を予防することもできる**のです。

有酸素運動は、運動中に「ハア、ハア」というリズミカルな呼吸になるのが特徴で、長く続けられる運動——歩く、走る、自転車に乗る、泳ぐ、といった運動です。年代に関わらず、この「ハア、ハア」という呼吸になる程度にしておくことが目安となります。「ハア、ハア」が「ゼイゼイ」「ヒィヒィ」と呼吸が苦しくなると、やりすぎだということです。

反対に、無酸素運動——瞬間的にパワーを発揮する短距離走や、息を止めて行なうウエイトトレーニング、腹筋や腕立て伏せなどの筋トレは、心肺機能を高めません。

無酸素運動は、有酸素運動のように取り入れた酸素を利用してエネルギーをつくったり、使ったりするのではなく、すでに体内にためられているエネルギーを使う運動です。腹筋も腕立て伏せも、二〜三回やるくらいは運動のうちに入りませんが、一〇回もやれば無酸素運動になります。

また、**有酸素運動でも、肩で呼吸をするほど激しくやってしまうと、無酸素運動に近くなって効果も低く**なります。

理想は「一分間・一二〇メートルの速さ」

ここで、あなたの全身持久力を試してみましょう。

あなたにとっての「簡単な運動」の適度を判断する基準になります。

全身持久力は、次の手順でチェックできます。

まず三分間、あなた自身の感覚で「ややきつい」と感じる速さで歩いて、その距離を測ります。そして、計った距離（メートル）から、六三ページの表で評価します。

この表は、全身持久力の目標値を表わしています。

測定した距離が、表の「三分間で歩いた距離以上」の場合は、目標となる全身持久力にほぼ達しています。表の「距離未満」の場合は、目標に達していません。

場所や測定法の問題があって、個人で正確に行なうのはむずかしいかもしれませんが、今の自分にどれくらいの全身持久力があるのか、およその見当はつくでしょう。

表の「歩行速度」は、「ややきつい」と感じるレベルでの速さです。四〇代であれば、一分間に一二〇メートルの速さが「ややきつい」のレベルです。この速さで歩いたとき「きつい」「かなりきつい」と感じるようだと、目標に達していません。

全身持久力が目標に達していない場合は、高めるための「軽い運動」を行ないましょう。

有酸素運動なら何でもかまいませんが、どれも「ややきつい」くらいで続けると、**目に見えて効果が出はじめる**はずです。その際の「ややきつい」は、個々で異なりま

1分間で120メートルが太らない人の「歩く速度」

男性	20代	30代	40代	50代	60代
3分間で歩いた距離（メートル）	375	360	**360**	345	345
速度（m/分）	125	120	**120**	115	115
女性	20代	30代	40代	50代	60代
3分間で歩いた距離（メートル）	345	340	**330**	315	300
速度（m/分）	115	115	**110**	105	100

（参考：厚生労働省『健康づくりのための運動指針2006』）

すが、目安として「心拍数」で判断してください。

左腕の親指のつけ根から三センチほど上の手首に触れると、血管が脈打っているのがわかる場所があります。ここに右手の人差し指・中指・薬指を三本そろえて軽く当てて計ります。手首の脈が見つかりにくい人は、左胸に手を当て、心臓の打つ回数を数えてください。首すじに手を当てて、脈拍を計ってもいいでしょう。

一分間きっちり計らず、一五秒間計った回数を四倍してもかまいません。腕時計型の心拍数の計測器も多種、市販されています。

「ややきつい」は最大心拍数の五～七・五割と言われています。最大心拍数とは、体が動かせなくなるほどの運動をしたときの心拍数です。およその目安として、「二二〇マイナス年齢」で求められます。

したがって、仮に四〇歳で計算してみますと、九〇～一三五が、ちょうどよい心拍数、ということになります。最初は控えめに設定して、徐々に上げて行ってもいいでしょう。

闇雲に体を動かすのではなく、最初は少し面倒でも**自分に適したレベルの運動を続けることが、「太らない体」への近道**です。

太らない体をつくる「歩き方」九つのコツ

有酸素運動で、もっとも手軽で効果的なのは「歩くこと」です。

道具も何も必要なく、身一つですぐに始められる有酸素運動としては、ほかに「走ること」も挙げられますが、現時点で運動不足の人だと、ひざや心臓に無用な負担をかけてしまうリスクがあります。

もっとも安全で、誰でもできるのは、やはり「歩くこと」です。

「通勤」といった日常の中で行なえるので、誰にでも簡単に始められます。

と言っても、これまでどおり、ただ漫然と歩いていればいいというものではありません。意識して、**運動の強度が「ややきつい」くらいに歩くのが効果的**です。

歩きの場合、「ややきつい」という強度は、前項で述べたことのほかに次のようなことが目安になります。

・いつも歩いているより速い。
・ちょっと息が弾むが、笑顔が保てる。
・長時間続けられるが、少し不安を感じる。
・五分程度で汗ばんでくる。
・一〇分程度で、すねに軽い筋肉痛を感じる。

運動不足の人は、いきなり「ややきつい」と感じるレベルに上げないで、まず「かなりらく」と感じるレベルから始め、徐々に上げていきます。また、続けていると、強度のレベルがどんどん上がっていくので、その際にはペースを落として「ややきつい」を保つようにします。

どれくらい歩けばいいかは、**「頻度は週四日」「一日に一〇分くらいを細切れで三回歩き、週合計二時間ほど歩く」**を目安にしてください。

歩く姿勢も重要です。次の手順での動作が「理想的なフォーム」とされています。

①視線を遠くに向ける。
②あごをひく。
③胸を張る。
④肩の力を抜く。
⑤背筋を伸ばす。
⑥ひじを曲げ、腕を前後に大きく振る。
⑦脚を伸ばす。
⑧歩幅はできるだけ広くとる。
⑨かかとから着地する。

ただ漫然と歩くだけでは味も素っ気もなく、効果も上がりません。でも、こうしたフォームに気をつけながら、背筋を伸ばして歩いていると、**だんだん気持ち良くなってくるはず**です。

効果バツグン！「駅の階段」健康法

私が実際に指導したケースを紹介しましょう。

四七歳のAさん（女性）は、保険外交員をしています。階段を駆け上がると息切れしたり、心臓がドキドキしたりしていました。心肺機能が衰えていたのです。

運動を中心に改善を図ることにしたのですが、多忙のため、その時間がとれません。そこで、日常生活の中で運動不足を補うことにしました。

通勤時の自宅から駅の間は、これまでは片道一〇分の普通歩行でした。そこで、行きは階段を上がるコース、帰りは坂道を上るコースに変え、階段、坂道以外は速歩にしました。

速歩は普通歩行の一・三倍、階段上がりは普通歩行の二・五倍、坂道上りは普通歩行の二倍（ただし勾配の程度による）くらいの運動強度です。

普通歩行とは、平地を時速約四キロメートルで歩くことです。これは「らく」のレベルですが、運動能力が低下している人にとっては、時速四キロメートルでも「ややきつい」というレベルになることもあるので、注意が必要です。

Aさんは、行きは「階段上がり三分、速歩五分」、帰りは「坂道上り三分、速歩四分の通勤」に変え、従来の通勤の二・五倍近い活動量を確保しました。数カ月後、心肺機能が高まり、階段もらくに駆け上がれるようになっています。

このように、運動を行なうときには、まず心拍数も目安にしながら自分の運動能力を知り、それに応じて頻度、強度、時間を決めます。

たとえば、運動などこの一〇年間いっさいやっておらず、駅の階段を上がるだけでも息切れする……といった人は、まず自宅から駅までの道のりを三分間だけ遠回りするなど、小さなことから始めます。

続けていれば、**必ず効果が実感できる**はずです。

「そういえば最近、駅の階段を上がってもあまり息切れがしなくなってきた」と感じたなら、三分間だけ遠回りしていたのを五分にする、一駅分歩く、などと徐々にレベルを上げていけば、ゲームをクリアする感覚で楽しく運動を続けられるでしょう。

もちろん、レベルを上げるごとに、あなたの体は、どんどん「太らない体」になっていきます。

再度、注意していただきたいのは、あくまでも無理は絶対禁物ということ。いくら軽い運動でも、続けていると心拍数が上がってきます。はじめは「かなりらく」と感じるレベル（心拍数一〇三程度）でも、一〇分、二〇分と続けるうちに「かなりきつい」と感じるレベル（心拍数一五八）に上がってくることも多々あります。

ここで無理せず、休むかペースを落とすことが肝心です。

なまじ体力に自信がある人は、「非常にきつい」と感じるレベルに達するまでがまんして続行してしまいがちですが、**息も絶え絶えで結果的に「激しい運動」になってしまっては逆効果**です。

無理をすると「活性酸素」がたくさん発生して、肥満のもととなる体の「錆び」が進んでしまうからです。「太らない体」をつくるための運動は、がんばったり、人と競争したりしてはいけません。

「一日三回、一〇分ずつ」歩けばいい！

「歩く」というと、「一日一万歩」が頭をよぎる人も多いことでしょう。たしかに厚生労働省をはじめ多くの専門機関が、一日八〇〇〇歩から一万歩を推奨しています。

「一日一万歩」とは、一日中の全活動の歩数です。

仕事や通勤、買い物や家事といった生活活動での歩数（生活活動量）と、その他、意識的に行なう運動・スポーツ（ウォーキングやジョギングなど）での歩数（運動量）の合計ですが、じつは、普通歩行だけでも、「**一日六〇分**」ほど歩いていれば十分「一日一万歩」は、達成できます。

もちろん、よほど日常的に歩くのが「好き」という人でなければ、「一日六〇分」も歩くことはないでしょう。

しかし、逆に言えば、普通歩行「だけ」でも、「一日六〇分」で「一日一万歩」は満たせるのです。

デスクワークが多い人でも、意識的に少し、通勤に徒歩をまじえたり、会社でも階段を使ったりなど、動く機会を持つようにすれば、意外と簡単に達成できます。「一日一万歩」は、それほどハードルの高い目標ではありません。

このように、日常の無意識的な活動に、意識的な運動を補足する――それにもっとも適しているのが、「歩き」なのです。

ここで改めて言っておきたいのが、「一〇分を一日三回、週四日、計二時間」で十分だということ――。

「短い時間で、回数を多く歩く」のがもっとも効果的な歩き方だということです。シャカリキになって毎日歩く必要もありません。

「一日一万歩」＝「普通歩行六〇分」と言うと、「六〇分のウォーキング」で一気に満たそうとする人が少なくありません。その大半は、健康のためのウォーキングは、一時間ほどは歩かなければ効果がないと、思い込んでいます。

たしかに、以前は「脂肪を燃やすなら、三〇分以上続ける必要がある」と言われていました。「運動のエネルギー源は糖なので、まず糖を燃やしてからでないと脂肪は燃やせない。だから時間がかかる」という理由でした。

しかし、この「燃焼順番説」は否定されています。この章の冒頭で触れたように、「軽い運動」、つまり個人感覚で「ややきつい」くらいに歩けば、ホルモンの分泌がよくなって、結果的に肥満が抑えられるのです。

最近の研究で、「六〇分続けて歩く」より、「一〇分ずつの細切れ六回」のほうが、血圧を下げるなど健康面でいい影響を及ぼすこともわかってきました。

歩くペースは時速六キロ、つまり**一分間に一〇〇メートルから始めて、四〇代男性なら時速七キロ強、つまり一分間一二〇メートルを目標に**します。

普通の歩行で時速四キロ、一分間約七〇メートルが平均ですから、運動不足の人にとっては一分間一〇〇メートルでも、一〇分間続けるのはけっこうきつく感じるはずです。

でも、無理をしないで継続していれば、しだいに目標のペースで歩けるようになり、歩く距離も伸びてきます。

具体的には、たとえば週五回の通勤のうち四日間は、朝、自宅から最寄駅まで行くのに一五分をかけて歩く、という具合で始めるといいでしょう。徐々に一五分で歩ける距離が伸びてきたら、たまには一駅、二駅先まで少し時間をかけて歩いてみる、といったことにも挑戦してみてください。

ただし、くれぐれも無理のないように、**何より「続けること」が大切**です。

私も、春から秋にかけて、クリニックに向かう前に、東京の代々木公園で歩いています。歩くときは、シューズをスニーカーに履き替えています。

革のビジネスシューズでは足への負担が大きく、ひざや足首、かかとを傷めるおそれがあります。適切なのはジョギング用、ウォーキング用といったスポーツシューズで、底は柔軟性のあるもの、かかとはクッション性が高いもの、つま先は余裕があって窮屈でないものです。

スポーツ用品店などでは、ビジネスシューズのようなデザインで、こうした機能を持った靴も扱っています。「通勤用のウォーキングシューズ」を一足、持っておいてもいいでしょう。

太っている人ほど「座っている時間が長い」

「運動を始めると、運動不足になる！」というジョークがあります。

ここで言う運動不足は、日常生活の活動量を含めたトータルの活動量が少ない、という意味です。

「中年太り」を予防・解消できるかどうかに、意外と大きく関わっているのが日常生活の中での細々とした活動――つまり、**「生活の中でチョコチョコと動く」**ことです。

毎日、トレーニングウエアに着替え、スポーツシューズを履いて、一時間くらいウォーキングをしている人がいます。しかし、万歩計をつけてみると、一日七〇〇〇歩程度という場合がよくあります。運動していることで安心し、それ以外の時間はほとんど座っているからです。

だから、運動だけでなく、運動以外の日常での活動量も重要なのです。

この活動を「ＮＥＡＴ（non-exercise activity thermogenesis＝ニート／非運動性活動によるエネルギー消費）」と言います。ちょっとした移動で立ったり、歩いたりといった細かい活動を指します。

近年、アメリカの研究者が「肥満の人と肥満でない人を比較した結果、肥満でない人は一日三五〇キロカロリーも消費エネルギーが多かった」と発表して以来、「ＮＥＡＴ」が注目されるようになりました。

「肥満の人が一日のうち立っている時間は三七三分、座っている時間は五七一分だった」のに対し、「肥満でない人は立っている時間が五二六分、座っている時間が四〇七分だった」のです。

一日三五〇キロカロリーも違えば、一カ月で一万五〇〇〇から一万八五〇〇キロカロリー、一年で一二万七七五〇キロカロリーになります。これが体脂肪として蓄積されれば、**一年で一四キロも太ってしまう**ことになります。

ですから、肥満を防ぎ、健康を維持・増進するためには、運動以外の時間もできるだけ体を動かすようにします。

とくに座って行なう仕事に就いている人は、要注意です。

「仕事中は、体を動かす機会なんてない！」と思われるかもしれませんが、じつは、少し意識するだけで、チョコチョコと動く機会が見つかるはずです。

たとえば、

・誰かに用事を伝えるときは、社内電話を使わずに相手に直接会って伝える
・デスクワークを一時間したら、気分転換に五分ほど立って歩く
・数階の移動にはエレベーターではなく階段を使う

また、自宅でも、次のようなことが考えられます。

・ごみ捨てなどの家事を買って出る。
・テレビはリモコンを使わずに立っていって、本体で操作する

一つひとつは小さなことでも、日常的に、チョコチョコと動くことが大切なのです。

こういった工夫をして、日々の「ＮＥＡＴ」を増やしましょう。

筋肉の名前は「四つだけ覚える」

「太らない体」をつくるための「軽い運動」には、筋力トレーニングもあります。最近の研究で、**筋力トレーニングは若返りホルモン「DHEA」の分泌を良くする、**ということがわかってきました。

「DHEA」は加齢にともない、だんだん分泌量が減ってきます。しかし、軽い筋肉運動をしていれば、その分泌が促されるのです。

また、筋力トレーニングは、基礎代謝量を増やすのに効果的です。つまり、脂肪燃焼の効率を上げることになります。当然、筋肉量も増えるので、「中年太り」の予防・解消に重要な運動なのです。

基本的な体の動きをつくる筋肉として重要なのは、次の四カ所の筋肉です。

①ひざを伸ばす太もも前面の「大腿四頭筋」
②ひざを曲げる太もも後面の「ハムストリング筋」
③お尻の「大殿筋」
④上体を支える「腹筋群と背筋群」

これら下半身の筋力は、体のバランスを維持し、立つ、歩くという基本的な動きをはじめ、さまざまな体の動きをつくるうえで非常に大切な役割を持っています。

四〇歳を超えるとこれらの筋力は予想以上に低下して、足が上がりにくくなったり、もつれたり、つまずきやすくなったりします。下半身の筋肉は歩くことでも鍛えられますが、**筋力トレーニングがもっとも効果的**です。

筋力トレーニングは成長ホルモンの分泌も促します。

成長ホルモンはおもに睡眠中に分泌されますが、筋肉運動後にも分泌されます。筋肉量を増やしたりする作用があって、若返りにも効果があります。

さらに、筋肉運動を継続することによって、骨量が増加したり、男性ホルモン（テストステロン）が増える効果も期待できます。

また、筋肉運動によって生じる乳酸には、普段、大気汚染や水質汚染によって知らないうちに摂取してしまっている有害金属を、排出させる作用があることもわかってきました。

乳酸は運動後に生じるので、疲労物質と見られてきましたが、最近では人体にとって有益な働きをしていることがわかってきました。

このように、筋力トレーニングは有酸素運動に負けず劣らず健康の維持・増進に役立ち、「太らない体」づくり、生活習慣病予防には欠かせない運動なのです。

四〇代、五〇代は、筋肉が衰えはじめる年ごろです。簡単なものばかりですから、すぐにでも筋力トレーニングを始めましょう。

ただし、動けなくなるほどの過度な有酸素運動と同様、無理をすると筋肉を傷めて炎症を起こします。体内に炎症があると、そこから「活性酸素」が大量発生し、かえって体の「錆び」を進行させることになってしまいます。

有酸素運動にもコツがあるように、**筋力トレーニングにもコツがある**のです。

太っている人でもできる「世界一簡単な筋トレ」

筋力トレーニングといっても、けっしてハードなものではありません。

フィットネスクラブなどに通って、専門家の指導を受けながらマシンなどを使って行なうことを想像するかもしれませんが、その必要はないのです。

生活習慣病予防のための筋肉トレーニングは、**「軽い」「簡単」を「続ける」ことが肝心**です。したがって、むしろ自宅で行なうほうがいいのです。

自宅で行なう筋力トレーニングには、次のような方法があります。

鍛えるのは「足」「腕」「お尻」だけ――三つの筋力トレーニングを一セットとして、自分の筋力の程度（筋肉に疲れを感じるまで）に合わせて一～三セットを週五～七回行ないます。

それぞれの動作を、反動をつけないでゆっくりと、呼吸を止めないで行ないます。

① 背すじを伸ばして両腕を前に伸ばします。

② 背すじを伸ばしたまま、ひざを曲げ、1秒間、姿勢を保ったら、もとの姿勢に戻ります。ひざがつま先より前に出ないように注意！

①〜②の動作を10回繰り返します。

若返りホルモン「DHEA」を分泌させる運動
❶——脚を鍛える！

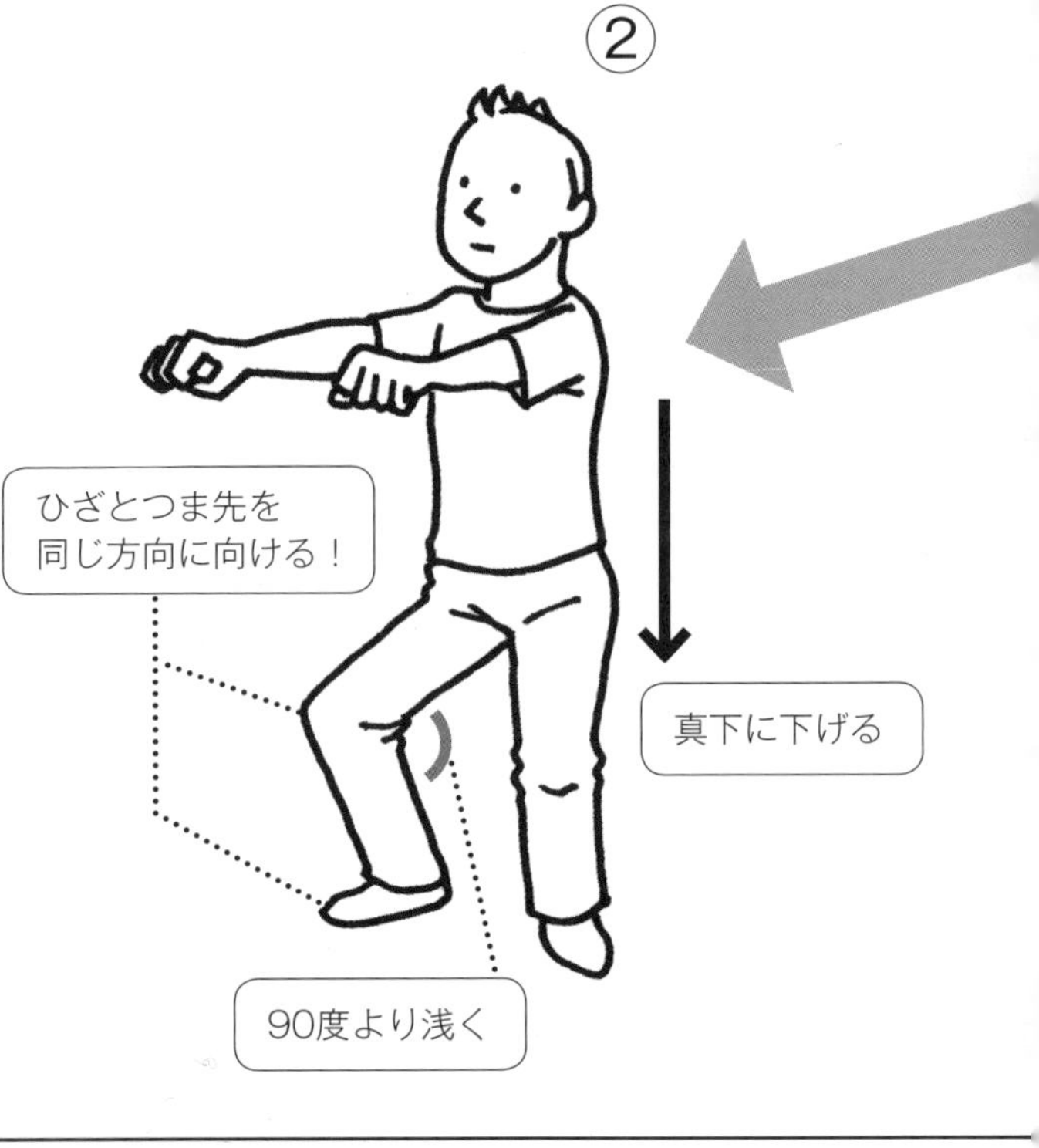

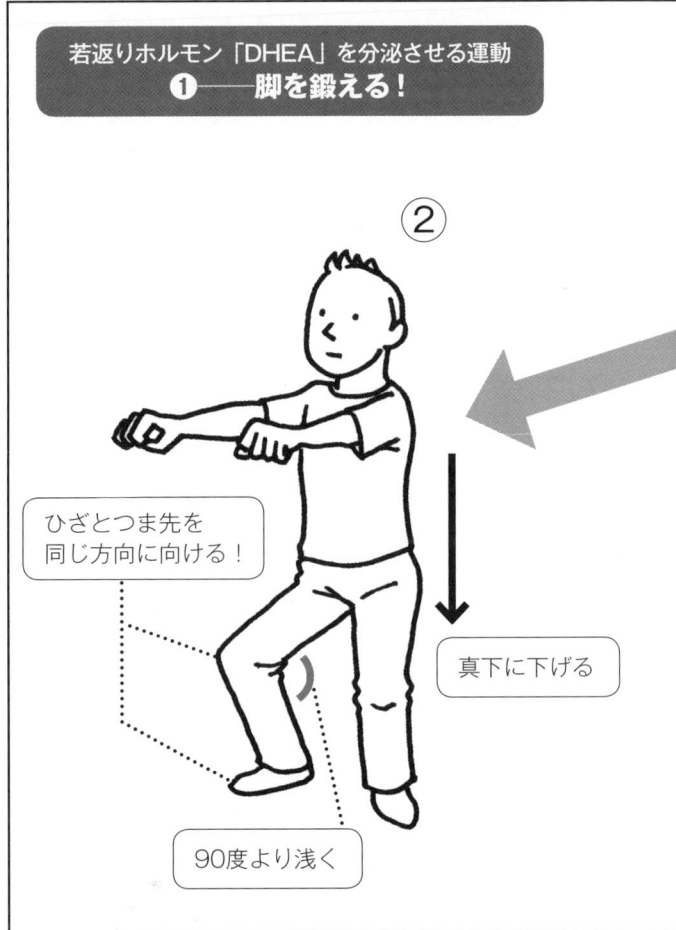

① ひざを床につけ、両腕を床に対して垂直に伸ばします。
ポイントは、両手を肩幅よりやや広めに開き、指先をやや内側に向けること。
② ゆっくりとひじを曲げていき、直角になるまで曲げたら1秒間、姿勢を保ちます。
ゆっくりともとの姿勢に戻します。
①〜②を10回繰り返します。

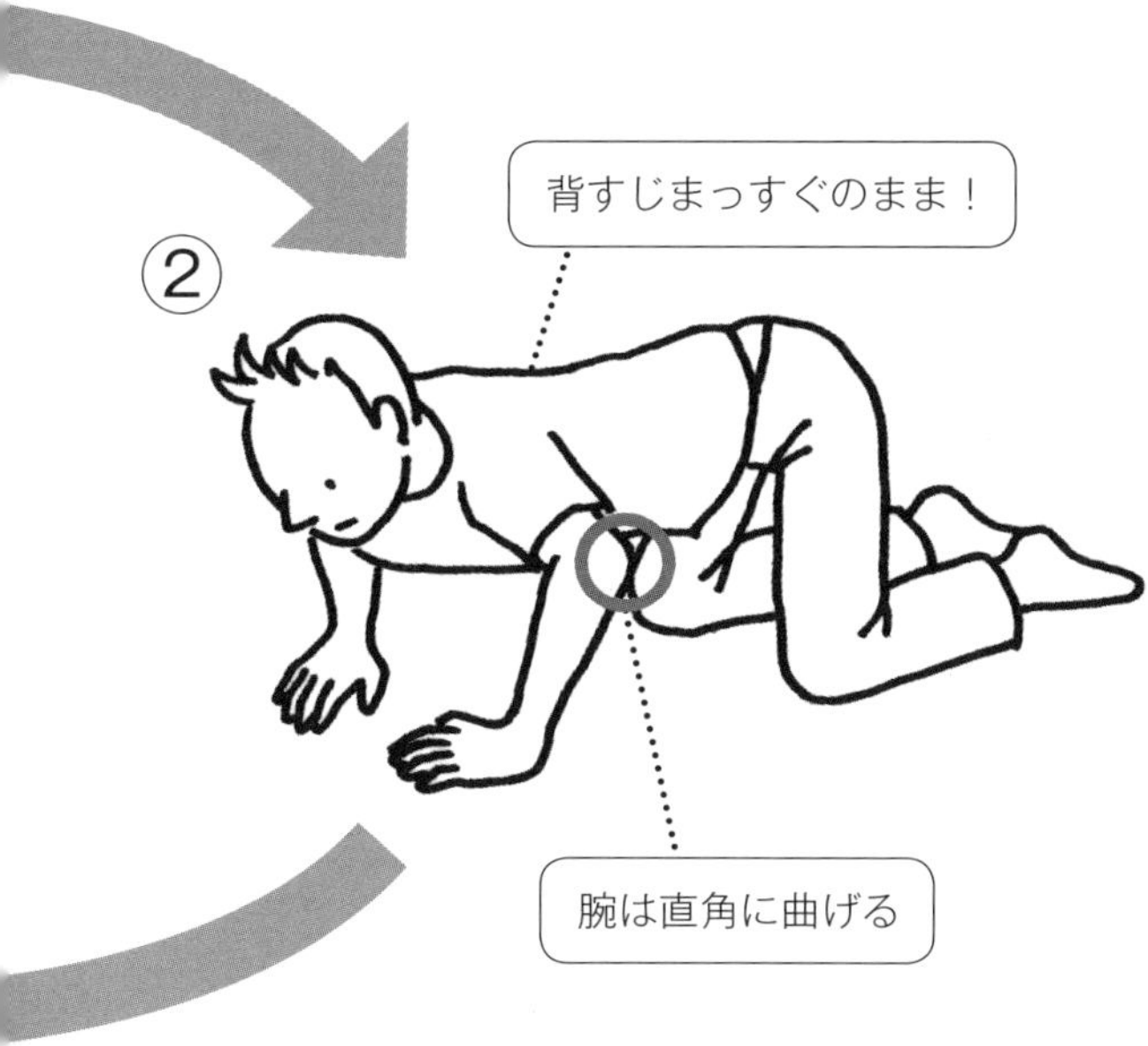

若返りホルモン「DHEA」を分泌させる運動
❷——腕を鍛える！

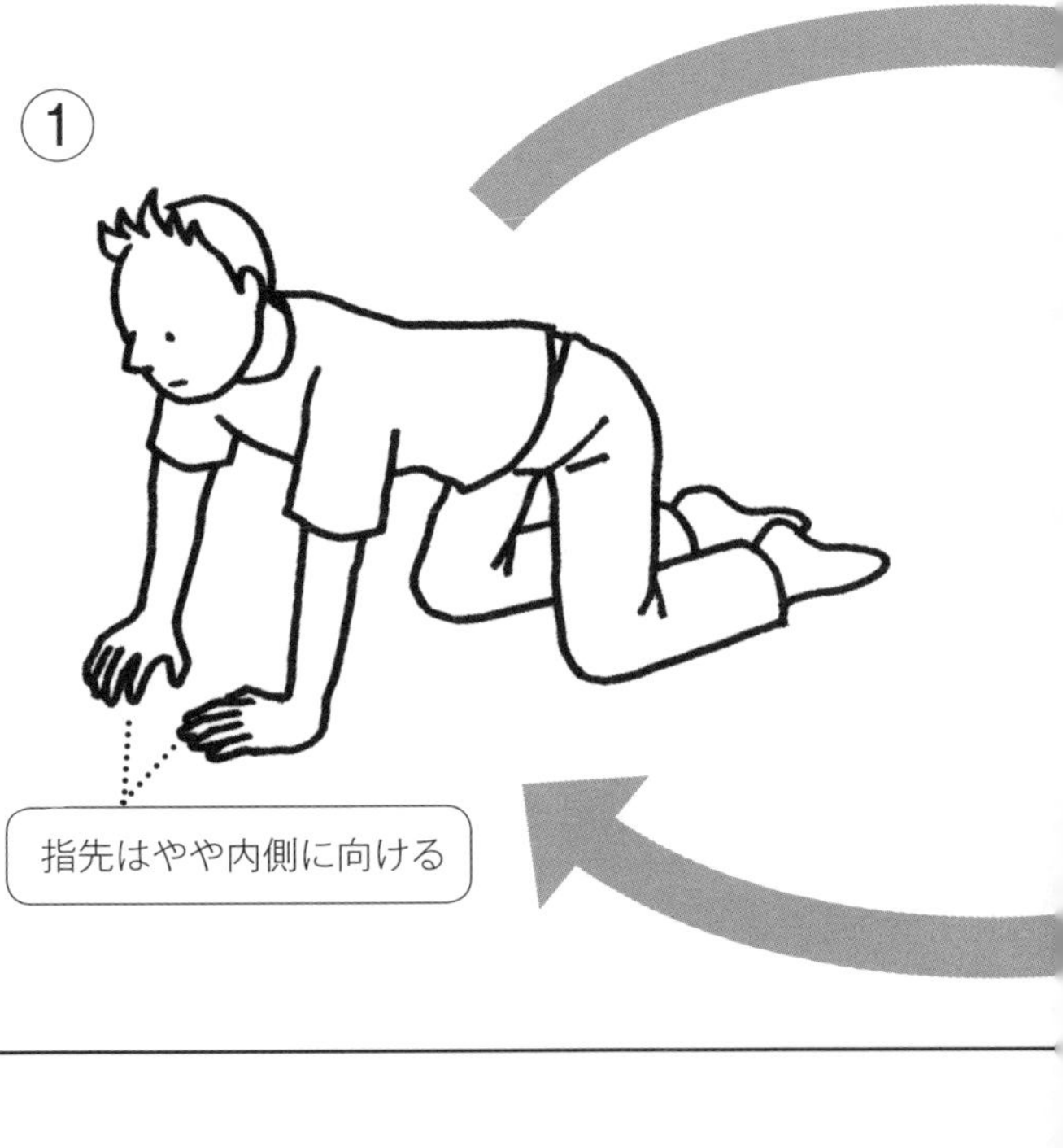

若返りホルモン「DHEA」を分泌させる運動
❸——お尻を鍛える！

① 椅子の背もたれにつかまりながら、3秒間で足を真後ろに上げていく。

② かかとをいっぱい上げたところで1秒間、姿勢を保ったら、3秒かけて足をもとに戻します。

①～②を10回繰り返します。背筋を伸ばし、腰の位置を固定したまま行なうことがポイント！

視線はまっすぐ！
背すじを伸ばす！
お尻の筋肉を
意識する
真後ろに
けり上げる
よりかかりすぎないように

ここで私の指導例を紹介します。

五〇歳のBさん（男性・公務員）は長年デスクワークが中心で、とくに運動らしい運動もしてこなかったせいか、明らかに足が弱っていました。

少し長い距離を歩いたり、満員電車で立っていたりすると、足が痛くなってきます。そのため、すぐにエレベーター、エスカレーター、タクシーを利用してしまいます。また、少し肥満ぎみで、血圧と悪玉コレステロール値、中性脂肪値が高いのも気がかりでした。

そこで、足の筋力を強くするため、①（八三ページ）を始めました。はじめはひざを深く曲げない、負担の少ないレベルを朝夕二〇回、しだいに一日一〇〇回に増やしていきました。二カ月くらいしてひざを深く曲げてから立ち上がるレベルに変えたところ、半年後には長く立っていても、歩いても、疲れにくくなりました。

筋力が落ちてくると、エレベーターやタクシーを利用して、ついらくをしてしまいがちですが、それがさらに肥満のもとをつくってしまいます。ここで、ほんの少しの筋力トレーニングを始め、続けられるかどうか——これが、**半年後のあなたの体を、大きく変える**ことになるのです。

自分とは思えないほど「やわらかい体」
——寝る前ストレッチ

「太らない体」をつくるための「軽い運動」の最後は、ストレッチです。

じつは、**「太らない体」は「やわらかい体」**とも言えるのです。

有酸素運動にも筋力トレーニングにも、事前、事後のストレッチが欠かせません。

事前のストレッチ（準備運動）は体を温め、筋肉や関節をほぐして動きを良くします。事後のストレッチ（整理運動）は、筋肉の血流を良くし、疲労回復を早めます。

筋肉は加齢にともなって柔軟性が低下し、硬くなってきます。筋肉が硬くなると、関節の動く範囲（可動域）が狭くなり、動かしたときなどに無理がかかりやすく、ケガをするリスクが高くなります。

ストレッチで筋肉をゆっくり伸ばす——これを繰り返していると柔軟性が高まります。すると筋肉や関節にかかる負担が軽減され、ケガを防げるというわけです。また、

「ストレッチを続けることで高血圧が改善される」「柔軟性の高い人は動脈硬化度が低い」ということもわかっています。

さらにストレッチには「太らない体」をつくる効果もあります。それは「リラクゼーション効果」があるからです。

これは最近、明らかになってきたことです。三〇分くらいかけて全身の筋肉を順番に伸ばしていくと、脳波にはアルファ波が増加します。ストレッチによってストレスがやわらいで気分も安定し、ホルモンのバランスもよくなり、疲労回復も進むのです。ストレスは、正常なホルモン分泌を妨げ、結果的に「太る体」のもととなります。一日の終わりに、ほんの五分のストレッチで、その日のストレスを解消する。これも「太らない体」をつくる習慣なのです。

ストレッチには、四つの注意事項があります。

①時間を二〇秒以上かけてゆっくり伸ばすこと。反動はつけないようします。
②伸ばす筋肉や部位を意識して行なうこと。
③痛みがなく、気持ちがよい程度に伸ばすこと。痛みが起こると、筋肉が硬直して

胸部
効果が低下します。

④呼吸を止めないこと。ゆっくりと深い呼吸をしながら、筋肉を伸ばします。胸部を圧迫するようなポーズでは呼吸が止まり、血圧が上がってしまうおそれがあるので、呼吸を意識して行ないましょう。

ストレッチを行なうときは、全身の筋肉をくまなく伸ばすのが理想的ですが、二〇～三〇分ではできません。したがって、歩くなど運動前は下肢を中心に、デスクワークの後は下肢・腰を中心に、風呂上がりは腹・背・首を中心にというように、**そのときどきで伸ばす部位を決めて**行ないます。

どの部位でも、伸ばす筋肉（伸筋）と曲げる筋肉（屈筋）が対になってつくられているので、前後、左右、斜め、ねじりと動く方向に動かせば、その部位の筋肉をまんべんなく伸ばすことができます。

私自身は、週一回スポーツストレッチに通い、体の姿勢のケアをしてもらっています。定期的に専門家に姿勢を見てもらうことは、毎朝、鏡で自分の顔を見るようなものので、きわめて重要なことです。

疲れない脚をつくるストレッチ［運動前］❶

両腕を伸ばして手のひらを壁につき、両足を前後に開きます。その状態から前の足のひざを曲げ、後ろ足のふくらはぎ・アキレス腱をしっかり伸ばします。同じ要領で、左右の足を入れかえて行ないましょう。

前傾姿勢にならないように、体の軸をまっすぐに保つ
ふくらはぎ、アキレス腱をしっかり伸ばす
かかとで地面を5回押すイメージで

疲れない脚をつくるストレッチ［運動前］❷

右手で右足の甲を持ち、かかとをお尻に引き寄せます。ポイントは、太ももの前面を伸ばすように意識しながら行なうこと。左足も同様に行ないます。

体の軸はまっすぐ伸ばす
かかとを5回、
お尻に引きつける
太ももの前面を
伸ばすことを意識

「脚のダルさ」をとるストレッチ **[デスクワーク後]**

ひざ下10センチの部分を両手で抱え、胸に引き寄せます。そのまま15秒保ちます。左右同様に行ないます（立った姿勢、仰向けに寝た姿勢でも可）。

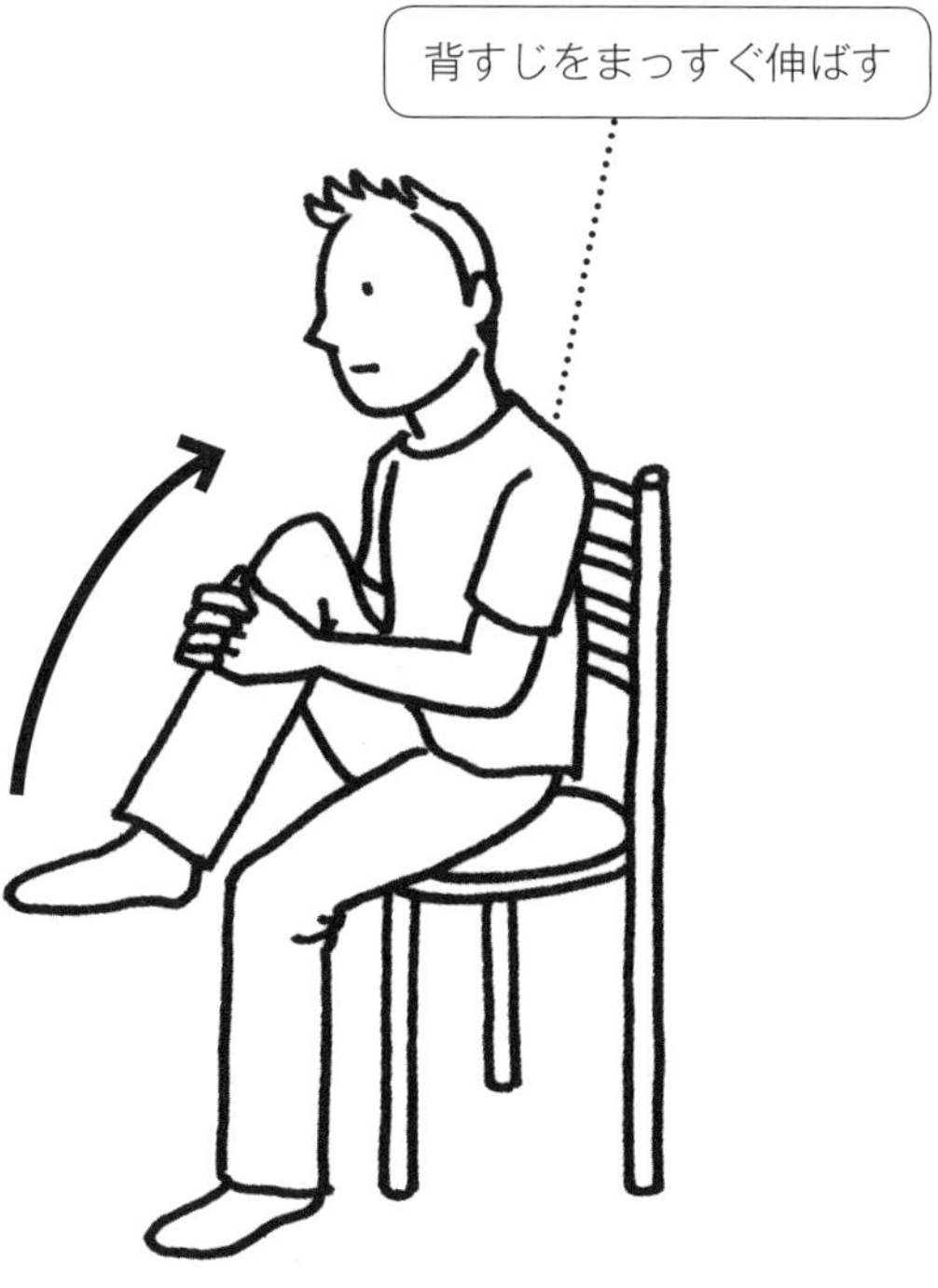

「上半身のダルさ」をとるストレッチ［デスクワーク後］

両手を上げ、左手で右手を握ります。左手で右手を引きながら上体を左に曲げて、筋肉の伸びを感じるところで15秒保ちます。反対方向も同様に行ないます。

脇腹の伸びが
感じられるまで
曲げる
体を真横に倒す
のがポイント

疲れない下半身をつくるストレッチ［入浴後］❶

足の裏を合わせたまま、両手で足を股間に引き寄せ、上体を前に曲げます。この姿勢を20秒ほど保ちます。

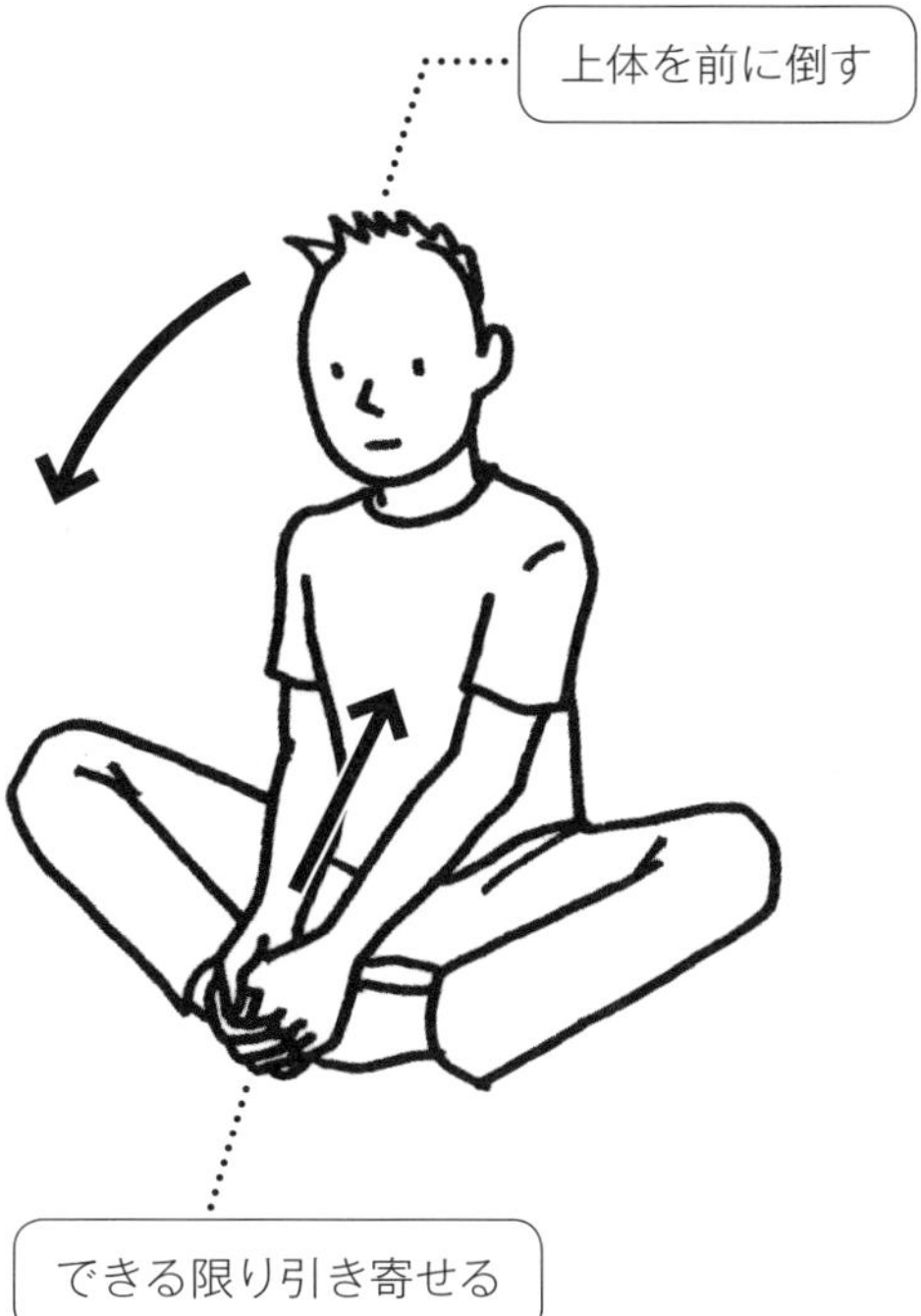

疲れない下半身をつくるストレッチ［入浴後］❷

開脚し、上体を前に曲げ、両手をできるだけ前に伸ばしたまま20秒ほど保ちます。

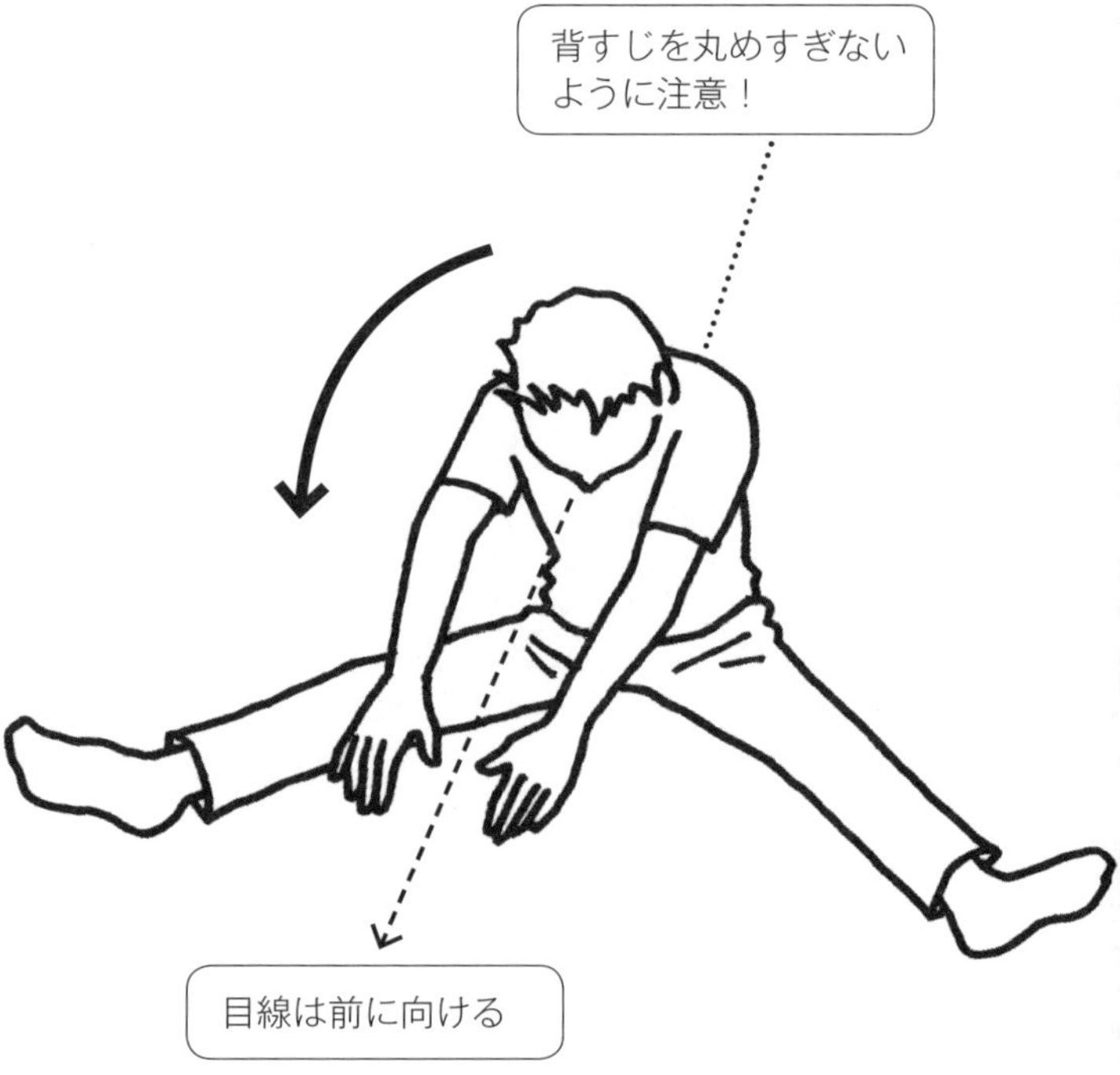
背すじを丸めすぎない
ように注意！
目線は前に向ける

疲れない上半身をつくるストレッチ［入浴後］❶

開脚し、左腕を上げて上体を右に倒し、右手を左の足先に向かって伸ばしたまま20秒ほど保ちます。反対側も同様に行ないます。

疲れない上半身をつくるストレッチ［入浴後］❷

座った姿勢から上体を後ろに倒し、床に手をつきます。次に、足を前に出し、ひざを軽く曲げたまま、頭を前後に倒したり、左右にゆっくり回しましょう。

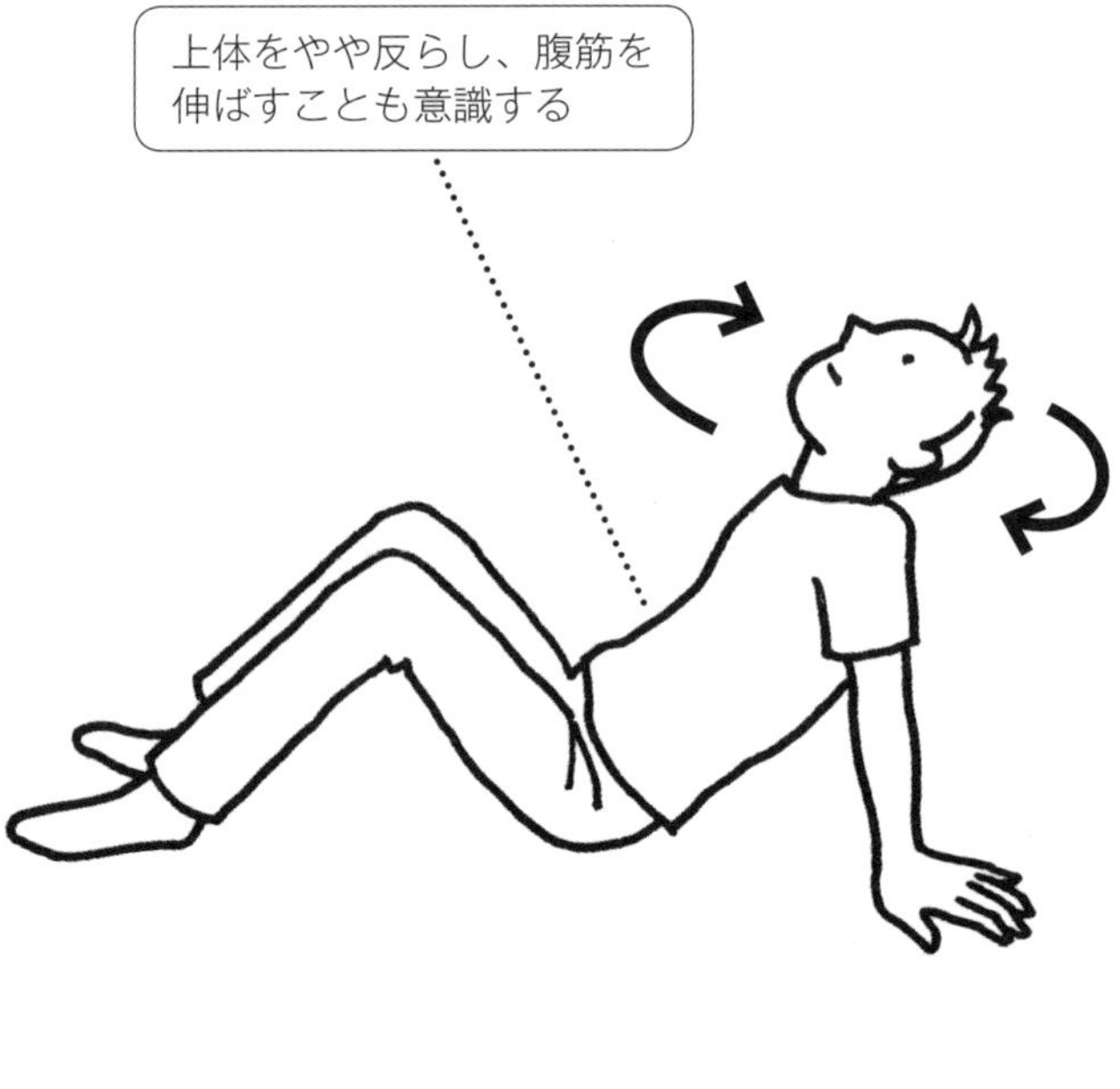
上体をやや反らし、腹筋を
伸ばすことも意識する

3章

脂肪・贅肉を一気に捨てる「体の大そうじ」

◉「太らない出し方」と「太らない食べ方」

体の中の「太るゴミ」の正しい出し方

「太らない体」づくりで重要なのは、**「食べること」より、まず「出すこと」**です。

つまり、「体の中のそうじ」です。

「体内そうじ」で一番重要なのは、消化器のリセット。体を錆びさせる「活性酸素」の発生を抑え、有害物を体外に排出するために欠かせません。

そうすることで、体の機能を正常な状態にします。これが、若返りホルモン「DHEA」の分泌を助けます。消化器のリセットは、まさに体に若さを取り戻し、「太らない体」をつくるための体内環境の整備なのです。

私たちは毎日、たくさんの食物を胃腸に送り込んで消化をし、栄養素を吸収して体を維持しています。

体の中では胃、小腸、肝臓、すい臓などさまざまな消化器が働いていて、合計すると約五リットル――バケツ一杯分もの消化液を、消化器は毎日つくり、分泌しています。中でも胃液は約一・五リットルにもなると言われています。これだけの消化液をつくり出すエネルギーは、相当なものです。

栄養素の吸収のためにも、小腸、肝臓、すい臓などの消化器が働いています。朝昼晩の食事だけでなく、間食が多ければ消化器は休みなく働き、大きな負担を強いられます。

食べること、消化・吸収は、もちろん体の維持に必要不可欠なことです。しかしそれは、**消化器の相当な負担のうえに成り立っていることを知っておく必要がある**でしょう。

現代人の食事には、消化しにくい食材が多くなっています。

とくに、加熱した食材は、きわめて消化しにくい食材です。

意外かもしれませんが、肉の場合、生食が消化に一番負担のかからない食べ方です。肉にはもともと肉自体を分解する酵素が含まれています。ところが加熱をすると、その酵素が壊されて消化しにくくなります。といっても、いつも肉の生食というわけにはいきません。ステーキにするのなら、ウエルダンよりもレアやタルタルステーキのほうが胃への負担が軽くなります。

米や麦などの穀類は、煮炊きするか、パンのように酵母の助けを借りないと消化・吸収できません。しかし同時に、加熱によって食材が持っていた自然の消化酵素が壊され、消化に負担のかかる食材になってしまっています。

野菜や果物は生で食べられますが、これだけで必要な栄養素を満たすのは困難です。また、生の野菜、果物は体を冷やす働きがあるため、体質（冷え性など）によっては食べ方に注意すべきです。

このように、食事をとっている以上、消化器への負担は避けられません。消化器に負担のかかりにくい食事を心がけるとともに、消化・吸収の機能を休ませてやることが大切です。

体を傷めつけないためにも、「間食をやめる」「食事の間隔を十分にあける」といったことを心がけなければなりません。食事の間隔は、六時間ほどが適切です。

そして同時に、排泄の機能を高める必要があります。

まず、**正しく出す方法を知る――これは、「太らない体」をつくる必須条件**です。

消化機能と言うと、どうしても消化と吸収が優先され、排泄は後回しにされやすいのですが、排便は排尿、発汗、呼気とともに老廃物、有害物を取り除く「体内掃除」の手段です。

排泄機能を高めることは「太らない体」づくりだけでなく、健康維持にたいへん重要な役割を果たしているのです。そのためのコツを、二つ紹介しましょう。

マイルド断食
――あなたの体の「排泄機能」が一気に高まる!

正しく出すための効果的な方法があります。

消化器を休ませ、体をリセットする「マイルド断食」です。

ただし、この断食は体脂肪率の低い人、つまり非常にやせている人、心臓などに異常が見られる人には不向きです。体脂肪率が四〇代・五〇代の男性で一一パーセント以下、同世代の女性で二一パーセント以下の方は、行なわないでください。

また、寒い季節にも向いていません。行なう場合には、春から秋の時期を選びましょう。

「マイルド断食」は「**満尾式・野菜ジュースをとって、一日を過ごす**」というものです。次のような手順で行ないます。

①野菜ジュースは、緑黄色野菜（トマト一個、ニンジン一本、ホウレンソウ二分の一把、レタス三枚）をジューサーにかけてつくります。飲みにくい場合は、リンゴ（一個）やレモン汁（一個分）といった果物を合わせるといいでしょう。ただし果物は、リンゴならリンゴ、レモンならレモンというように一種類だけを加えるようにします。これでも飲みにくい場合は、さらに飲みやすくなるようミネラルウォーターを加えます。

② ①を食事代わりに朝、昼、晩と一杯ずつ飲み、一日過ごします。翌日はおかゆなど、できるだけ消化の良い食材を食べるようにしましょう。

野菜ジュースには、生の野菜を使います。市販の野菜ジュースは加熱処理されているので、ビタミンCや酵素などが十分でない場合があります。

生の野菜を使えばビタミン、ミネラル、食物繊維がとれますし、野菜や果物に含まれる果糖もエネルギーになります。野菜や果物には消化を助ける消化酵素が含まれているので、胃腸に負担がかかりません。

野菜ジュースを飲みながら消化器を休ませると、たまっていた老廃物の排泄が促進されます。**「マイルド断食」は老廃物のそうじ、体の若返りに大きな効き目がある**のです。

この断食を一度経験すると、体が変わっていくのが実感できます。

便秘は解消しますし、皮膚の状態も格段に良くなります。

四四歳のCさん（女性・会社員）は一年ほど前から、便秘ぎみになりました。ひどいときは下剤を使っていました。

消化器科で大腸内視鏡検査を受けたところ、ポリープもがんもなく、「機能性胃腸障害でしょう」と言われました。

「ストレスなどが原因で腸の機能が低下し、便が出にくくなっている」と説明されたのですが、ご本人には思い当たるストレスがありません。それで、私のクリニックに来られました。

じつは、ストレスは本人が自覚していない場合が多いのです。**腸はストレスの影響を受けやすい器官**です。Cさんの仕事や経歴をうかがって、長年のストレスで腸の機能が衰えていると判断しました。

そこでおすすめしたのが「マイルド断食」です。

Cさんはやや肥満ぎみでしたが、血圧は高くなく、心肺機能も年齢相応でした。休日の土曜日、トマト一個、ニンジン一本、ホウレンソウ二分の一把、レタス三枚、それにリンゴ一個にミネラルウォーターを加え、野菜ジュースをつくり、朝九時、昼一時、夕方六時に一杯ずつ飲んでもらいました。

それ以外は、何も口にしませんでしたが、空腹感はそれほどなかったそうです。翌朝はごく軽い朝食（ゴマ塩をふったおかゆを茶わんに軽く一杯）にしました。胃腸がリフレッシュした感じがあり、便通もあったといいます。

その後、数日で再び便秘ぎみになりましたが、九月から一〇月まで、月二回ずつ「マイルド断食」を続けた結果、快便が続くようになりました。最近、娘に「お母さん、肌のツヤがよくなったわよ。いい化粧品でも見つけたの？」と言われたそうです。

断食を行なう時期は、春か秋が適しています。夏や冬は暑さ寒さに対応するためにエネルギーを使うので、断食でエネルギー不足になると体調を崩しかねないからです。

野菜ジュースだけではお腹がすいて耐えられない人は、ジュースを飲む合間にミネラルウォーターか番茶を飲むといいでしょう。気分をおだやかにする効果のあるハーブティーなどは、最適です。

体内から「有害金属」をドッサリ排出する！

私たちの体には、知らないうちに「有害金属」がたまっています。

水銀、鉛、ヒ素、カドミウムなどです。見るからに恐ろしい金属ですが、大気汚染、喫煙、加工食材などによって、体内に蓄積されているのです。これらは**「活性酸素」の大量発生の原因となって体の錆びとなる「酸化」を進行**させ、さまざまな不調や病気を引き起こします。体がやせにくくなるのも、その一つです。

しかし、打つ手はあります。

錆びには、錆び止め剤――つまり抗酸化物質で対抗すればいいのです。

ざっと挙げると、野菜では、ニンニク・タマネギ・ニラ・ラッキョウ・ネギ、肉類ではレバー・豚肉、魚介類では、カキ・ウナギ・イワシ・ホタテが抗酸化作用の強い食材です。

ですから、たとえば昼休みに入った中華料理屋で、豚の生姜焼定食とレバニラ炒め定食があったら、迷わず後者を選びましょう。また、家で晩酌をするなら、つまみには、イワシの丸干しを用意しましょう。

有害金属は、大半が便とともに排出されます。

食物繊維をふんだんにとることや前項の「マイルド断食」によって、排泄機能を高め、便秘の予防・改善を心がけることも大切です。

有害金属は、汗をかくことでも排出されます。

ですから、**歩くなどの有酸素運動や軽い筋肉トレーニングは、有害金属を排出する意味でも有効**です。ただし、汗をかけばいいとばかりに激しい運動をすると、かえって「活性酸素」を増やしてしまい、逆効果です。汗をかく量は少なくても、運動は適度な強度と量を守ります。

入浴やサウナで汗を出してもかまいません。

ただし、**高温のサウナは危険**です。

高温サウナで汗をかいて、水風呂につかって、ということを繰り返し、その後に冷えたビールを飲む人がいますが、これは心臓や血管などの循環器に大きな負担をかけています。

また、高温サウナは本人が自覚している以上に汗をかくので、脱水状態になりやすい点でも危険です。血液が濃くなって心筋梗塞や脳梗塞を起こす場合もあります。さらには、高温サウナはストレスホルモンの分泌を促し、心臓や血管に負担をかけます。

したがって、**低温サウナや、スチームサウナがおすすめ**です。

ゆっくりじっくり温めて、体の奥から発汗させます。ただし、水分を十分に補給して、無理に長時間入らないことが大切です。

入浴も同様です。ぬるめのお湯にゆっくり入り、発汗を促します。循環器に不安がある人、入浴で疲れやすい人などには半身浴をすすめます。

こうして体の中からきれいになれば、それだけ「太らない体」になれるというものです。

「太らない体」は「長生きする体」
——長寿遺伝子の働き

「太らない体」をつくるには、もちろん、食事にも気をつける必要があります。と言っても、「ちょっとしたコツ」を覚えればよいだけです。

ここでもカギとなるのが、若返りホルモン「ＤＨＥＡ」。このホルモンが正常に分泌されている体は若く、太りにくいのです。

それまでラクラクはけていたズボンや、スカートがきつくなった。たった二キログラムだけなのに、増えた体重が戻らない——この兆候があれば、それは**「老化が始まっている！」という体からのサイン**です。

しかし、まだ遅くはありません。

「ＤＨＥＡ」の正常分泌を促す。そして、太らない体をつくる。

「太らない体」をつくるためには「何を食べるか」より「どう食べるか」が大事です。

そのことを証明する、興味深い実験結果があります。

「食事量を制限すると、いつまでも若く生きられる」――。

アメリカのマサチューセッツ工科大学のレオナルド・ガレンテ教授が一九九一年から始めた、マウスなどの動物を使った実験の結果です。

ここでのポイントは、「食事量」と言っても食事の「重量」ではなく「カロリー量」を制限するということ。通常カロリー量の六～七割の餌をマウスに与えつづけたところ、マウスの寿命が延びたのです。

それは、**細胞内に存在する長寿遺伝子（Sir2遺伝子）の働きが活発になったからです。**

発表によれば、カロリーをセーブしたマウスは毛並みのつやがよく、またシワも少なかった。もちろん、肥満も起こしていない。カロリーをセーブしない栄養十分の餌を与えられたマウスはまったく反対で、老化が著しかったそうです。

この長寿遺伝子は、人間の細胞内にも存在するので、食事のカロリー量を減らすことで人間も寿命が延びる可能性が高い、と報告されています。

実際、**カロリー量の低い野菜をたくさん食べる地域では、がんや生活習慣病にかかる人が少なく、元気で長生きの人が多い**という調査報告があります。日本一、男性が長生きする県・長野県がその代表例でしょう。

「太らない体」は「長生きする体」――そんな体をつくるには、まず「カロリー量」がカギになるのです。

「腹八分目の食事で大満足できる」コツ

太らない体をつくるには、まず一日に食べる「カロリー量」がカギです。

ここで誰もが思うのは、「では、自分はいったい、どれくらいまで食べていいのか?」ということでしょう。

食べていい量――適切なカロリー量は、その人の基礎代謝量と活動量によって違います。基礎代謝量とは、「**体を維持するために使っているエネルギー量**」、活動量とは、「**体を動かすために使っているエネルギー量**」です。

たとえばシンクロナイズドスイミングの選手たちは、一日に五〇〇〇キロカロリーほど食べています。これは二〇〇グラムの和牛ステーキ五枚分。

二〇代の一般女性の標準カロリー摂取量が、一八〇〇〜二〇〇〇キロカロリーですから、シンクロナイズドスイミングの選手たちの基礎代謝量や活動量がとてつもなく多いことが想像できます。

自分の適切なカロリー量の目安は、「基礎代謝量×生活活動強度指数」で出せます。

一日あたりの自分の基礎代謝量をもっと正確に知りたい人は、基礎代謝量が測れる体重計を利用するといいでしょう。

「生活活動強度指数」とは、一日の活動量、つまり「一日にどのくらい体を動かすか」を示す指数です。

「低い（一・三）」「やや低い（一・五）」「普通（一・七）」「高い（一・九）」の四段階があり、たとえばデスクワーク中心の会社員は、「やや低い」に当たります。

この計算式で考えると、一五〇〇×一・五＝二二五〇キロカロリー――これが、「平均的な四〇代男性」が一日に食べていいカロリー量です。

一日三食として単純に三等分すれば一食平均七五〇キロカロリー。牛丼だと一杯分（約七〇〇キロカロリー）、トマトソースパスタだと一皿分（約六〇〇キロカロリー）ですので、およその見当がつくでしょう。

目安として六〇〇から九〇〇カロリーの料理を一一七ページに挙げておきます。

ただし、私がおすすめする生活改善のコツは、**「無理せず、続けられること」**を基本としています。「やらなければならない」という義務感や脅迫観念が、かえってストレスを生むからです。

ご存知のとおり、日本には「腹八分目」という食事量の目安があります。もちろん、あくまでも「満腹感」をもとにした、あいまいなモノサシですが、じつは、**過不足がないように栄養をとる、という知恵**でもあるのです。

日本人は元来、油を使った料理や肉料理はあまりとらず、野菜と魚が中心でした。

私はクリニックに来られる方に、「厳密にカロリー計算をしなくても、野菜と魚を中心にした和食を腹八分目で食べていれば、カロリーは必要量がきちんととれるもの

今日のランチは何にする――毎日食べているカロリーを知ろう

単位：キロカロリー

和食	
【定食】	
豚肉生姜焼き定食	906
てんぷら定食	830
ヒレカツ定食	814
サバみそ煮定食	755
カキフライ定食	720
ブリ照り焼き定食	720
【丼もの】	
天丼	880
親子丼	690
鉄火丼	620

中華	
【定食】	
レバニラ炒め定食	750
マーボー豆腐定食	740
餃子定食	700
肉野菜炒め定食	670
【丼もの】	
チャーハン	750
中華丼	670
【麺類】	
あんかけ焼きソバ	850
タンタン麺	800
五目焼きソバ	610

洋食	
【ごはんもの・パン類】	
オムライス	843
カツカレー	830
ミックスピザ	720
ハンバーガー	600
【パスタ】	
カルボナーラ	895
ミートソース	680
ナポリタン	650

酒	
生ビール(大)	250
チューハイ(中)	200
ワイン(100ml)	80
焼酎お湯割り(5:5)	88
ウイスキー(シングル)	70
日本酒(1合)	198

(提供：W・クッキングラボラトリー)

ですよ」と言っています。

日本一、男性が長生きする県・長野県の人たちも、食生活で一番気をつけていることの中に「腹八分目」があると言います。

まずは「腹八分目」を心がけることから始めましょう。少しもの足りなさを感じるくらいで、食事を終えます。私の患者さんたちは「三、四日で慣れた」と言っています。あるいは、おしゃべりをしながらでも、テレビを見ながらでもかまいませんから、とにかく、最低二〇分かけて食事します。

「腹八分目」は、ストレスなしで「太らない体」をつくる魔法なのです。

GI値――「太る食事」「太らない食事」を見分ける！

太らない食事、太る食事を、一目で見抜く方法があります。

「太らない体」をつくるには、「何を食べるか」も重要です。と言っても、いっさい面倒なことはありません。次の三つで判断できます。

①使われている食材の「**品目数**」
②使われている食材の「**色の数**」
③使われている食材の「**GI値**」

①と②は、食事の栄養バランスの基準になります。人間の体はビタミン、ミネラルなどいろいろな栄養素を必要としています。バランス良くとることで体の機能が正常化します。肥満、とくに、「中年太り」は体の機能低下で起こるのですから、栄養バランスはとても大切なのです。

①の「食材の品目数」とは、「使われている食材の数」です。

たとえば、「玉子焼き」と「野菜炒め」とでは、どちらが品目数が多いでしょうか？

ともに「一品料理」ですが、「品目数」は野菜炒めのほうがはるかに多いですよね。

玉子焼きには「卵」しか使われていません。一方、野菜炒めには「タマネギ」「キャベツ」「ニンジン」「肉」……と数えていくと、かなりの数の食材が使われているからです。

こういう具合に数えて、「一日三〇品目」食べていれば、**栄養バランスがととのった「太らない食べ方」**になります。

②で重視したいのは野菜の色です。まんべんなく栄養素がとれているかどうかの判断ができます。

たとえば、トマトの赤は抗酸化力も持つリコピン、ニンジンのオレンジ色はがん予防にもなるベータカロテン、ホウレンソウの緑はコレステロールを調整するクロロフィル。ナスの紫は高血圧予防になるアントシアニン、ニンニクの白は抗菌効果がある硫化アリルといった具合に、野菜の色は栄養素を表わしていることが多いのです。一回の献立に、五〜七色ある「レインボーダイエット」と呼ばれるような食事内容が理想的です。

しかし、毎日は大変です。食習慣として、たとえば一週間単位でいろいろな色の野菜を食べることを意識してください。

③の「GI値」は、聞きなれない人も多いかもしれません。

ＧＩ値——正式にはグリセミックインデックス値＝糖化指数——とは、食べた後に血糖値が上がる速度を示した数値です。ＧＩ値の高い食材ほど、血糖値を急激に上げ、低い食材ほど血糖値をゆっくり上げます。

血糖値が急激に上がると、インスリンが大量に分泌されます。インスリンには、糖を脂肪などに変えてエネルギー源として蓄える機能がありますから、余分な脂肪が蓄えられることになります。その結果、体脂肪がたまって太っていきます。

また糖を処理しきれず、血糖値の高い状態が続けば、細胞のタンパク質同士がくっついてしまう「糖化」が進みます。「糖化」によってタンパク質がベトベトになると、細胞の働きが悪くなっていきます。つまり老化が加速するということです。

だから、**「太らない体」をつくるためには、ＧＩ値の高い食品を控えめにすることが重要**なのです。

ＧＩ値が高い食材はいっさい食べてはいけない、ということではありません。食べる量を少なくすればいいのです。

どのくらいなら食べていいのかという判断基準を求めるよりも、毎日必ず飲んでいた缶コーヒーをとりあえず週二日はやめる、間食の習慣も徐々にやめていく、目の前にある大福を今日はがまんしてみるというように、食行動を少しずつ変えていくことが重要です。

「太らない体」をつくるための適切なＧＩ値は「六〇以下」です。ただし最低限、次のことを知っておけば、いちいち個々の食材のＧＩ値を調べる必要はありません。

（次ページの表を参考）

・肉類、魚介類、野菜類（イモ類を除く）、乳製品はＧＩ値が六〇を超えない。
・「炭水化物」の多くと「砂糖」はＧＩ値が六〇を超える。

したがって、肉類、魚介類、野菜類（イモ類やトウモロコシを除く）、乳製品の割合を多くすること。そして、ごはん、パン、イモ類などの炭水化物と、砂糖が多く使われている菓子類を控えます。

その基準は、今までよりも少しでも減らすことです。こうして減らしていけば、自然に、あまり欲しくなくなっていくはずです。

意外な盲点になりがちなのは、**加工食材や外食、ジュース、缶コーヒーなどの糖分**

「炭水化物」と「砂糖」はなぜ太る？

	（＊＝太りやすい）	GI値		GI値
穀類	白米＊	70	全粒粉パン	35
	玄米	50	食パン＊＊	95
	パスタ	55	もち＊＊	80
	ダイズ	15	トウモロコシ＊	70
野菜	ジャガイモ＊	70	ニンジン	48
	サツマイモ	48	トマト	15
果物	バナナ＊	62	レモン	15
	リンゴ	39		
乳製品	牛乳	34	ヨーグルト	36
肉類	全般的に45〜49			
魚介類	全般的に40前後			
糖類	白砂糖＊＊	100前後	はちみつ＊＊	90

（提供：国立健康・栄養研究所 杉山みち子ほか）

です。自分で料理をする場合は砂糖の使用量を控えればいいのですが、これらの加工食品、既成食品で無意識のうちに砂糖を大量にとっている人が多いのです。こうした「見えない砂糖」には、十分に気をつけなければなりません。

また、同じごはん、パン類でも精白していないもの（玄米、全粒粉パン。表参照）だとぐっとGI値が低くなります。これを機に、玄米食に切り替えるのも、一つの手です。

「まずは野菜を食べる」が太らない食べ方

ここで問題です。

ごはん、肉ジャガ、焼き魚、ホウレンソウのおひたし、豆腐とワカメのみそ汁――この献立で、あなたなら何から箸をつけますか。

太らない食べ方では、「食べる順番」も重要です。というよりも、これが最高のコツです。

正解は、おひたし。次に、焼き魚かみそ汁。ごはんと肉ジャガは最後です。まずはこの順番にしたがってひと口ふた口、一通り食べます。その後は、好きなように食べてかまいません。

この順番には、もちろん意味があります。

「GI値が低い順」——つまり「血糖値をゆるやかに上げる料理が先」ということです。

空腹のとき、ごはん、ジャガイモなどのGI値の高い食材を先に食べると、血糖値が急上昇します。

血糖値が急激に上がる食べ方は、脂肪をため込む「太る食べ方」です。だから、血糖値がゆるやかに上がるよう、食べる順番に気をつけなければなりません。これが「太らない食べ方」です。

簡単に言えば、**先に野菜、次にたんぱく質を食べ、ごはん、ジャガイモなどの炭水化物や砂糖をたくさん使った料理は後にする**こと。

これが基本です。

ですから、「焼き魚」でなく「豚の冷しゃぶ」の場合も、ごはんより先に食べます。野菜といっても、煮しめやキンピラゴボウなど砂糖を多く使った料理は後回しにします。「サラダ」の場合は、ドレッシングの量を控えめにしてください。化学物質などの添加物が入っている場合があるからです。

野菜を先に食べるのがいいもう一つの理由は、野菜に多く含まれる食物繊維が、糖の吸収を穏やかにするということ。

つまり、野菜を先に食べておけば、後から糖質の多い食材を食べても、血糖値が急に上がらずにすむのです。酢の物であればより効果的です。酢も糖の吸収を穏やかにし、血糖値の上昇を抑えてくれます。

ですから、献立に炭水化物や砂糖を使った料理など、ＧＩ値の高そうな食材が含まれるときは、とくに気をつけて、**先に食物繊維の多い野菜を食べましょう**。食物繊維は、きのこ類や海藻類にも豊富に含まれています。これらを使った料理があれば、まず先に箸をつけるようにしてください。

食べる順番は「野菜が先」！

①ホウレンソウ
②みそ汁、焼魚
③ごはん、肉じゃが

↓

この順番で食べると「太らない」！

とにかく、よく噛む――「太らない体」をつくる一番簡単な法

食べるスピードが速い人は太る。

あなたは、一度の食事にどれくらいの時間をかけていますか。

二〇分以内だとしたら、速すぎます。**最低二〇分はかけて食べるように心がけてく**ださい。

なぜなら、速ければ速いほど「太りやすい体」になっていくからです。さらには消化器系にトラブルを起こす可能性もあります。

脳に満腹感が生じるのは、食べはじめてから二〇分ほど経過してからです。

これが、「食事は最低二〇分」の根拠です。これより速く食べると、脳に満腹感が生じる前に食べすぎてしまいますが、これよりゆっくり食べると、その間に満腹感が生じるから食べすぎない、というわけです。

また、本当にゆっくりと一時間かけて食べるとどうなるか。食べはじめて一時間経過してからとった糖は吸収が良くなる、という説があります。

したがって、食事にかける時間は、二〇分から一時間というのが理想です。

さらに、「食べるスピードが速い人は太る」原因は、それだけではありません。

問題は「噛む回数」です。

噛むことは、食べ物の消化・吸収を助ける重要な機能です。「太らない体」をつくるうえでもっとも重要なのは、噛む回数が「血糖値の上がり方」に関係している、ということです。

噛む回数が少ないと、いきなりたくさんの食べ物が胃に入ることになり、そのせいで食べ物に含まれる糖が短時間で吸収されます。すると、血糖値が急上昇し、糖をエネルギーに変えて蓄えるインスリンが大量分泌され、結果、体脂肪がたまります。

噛む回数が少ないと、こうして「太る仕組み」が体内にでき上がってしまうのです。

逆に噛む回数が多ければ多いほど、ゆっくり少しずつ食べ物が胃に入るため、糖は時間をかけて吸収されます。すると、血糖値はゆっくり上昇します。

つまり、**よく噛んで食べると、食べすぎも、血糖値の急上昇も、防ぐことができる**

のです。

よく噛むといっても、どれくらい噛めばいいのでしょうか。

どんな食材でも、つまり硬いものでも軟らかいものでも、**ひと口二〇〜三〇回、一回の食事で一五〇〇〜二〇〇〇回は噛む必要**があります。ごはんならば「粥状になり、甘味を感じるようになるまで」が目安です。

これくらいよく噛むと、歯ぐきやアゴの筋肉に分布している神経が刺激されます。それが脳の咀嚼《そしゃく》中枢に伝達されます。

すると、脳内で神経ヒスタミンと呼ばれる物質が放出されます。この物質は満腹中枢を刺激して食欲を抑え、脂肪の代謝を調節する成長ホルモンの働きを良くし、体脂肪の分解を促します。

よく噛むと唾液の分泌がさかんになることも大きなメリットです。唾液は消化を助けるだけでなく、発がん物質の働きを抑える酵素を含んでいる、とも言われています。よく噛んで食べるというだけで、「太らない体」になるだけでなく、がんを防ぐこともできるのです。

硬いものは、自然に噛む回数が多くなりますが、軟らかいものはどうしても回数が少なくなってしまいます。

実際、神奈川歯科大学の調査によると、軟らかい食べものがあふれている現代、私たちが一回の食事で噛む回数は六〇〇回程度。一五〇〇～二〇〇〇回という適切な回数の半分以下です。

ですから、**私たちはかなり意識して「噛む」必要がある**のです。

よく噛むために、白米ごはんを玄米ごはんに替えるのも一つの手です。

玄米は白米に比べて硬いので、噛む回数が自然と多くなります。さらに、玄米はGI値が低く、食物繊維や糖の代謝に欠かせないビタミンB_1も豊富です。食物繊維には血圧の上昇の抑制、免疫力の向上、便秘の解消、有害物質の排出といった働きを持ちます。ビタミンB_1は、糖からエネルギーをつくる際の手助けをします。疲労回復や精神を安定させる働きがあります。

咀嚼で肥満予防をし、食物繊維で体のそうじをして、ビタミンB_1が心身をリフレッシュさせるというわけです。

最近は、白米か玄米かを選べる弁当屋やレストランも増えています。迷わず玄米を選ぶようにしましょう。

ただ「よく噛む」と意識するだけで、「太らない体」をつくることができます。

「忙しい」「ゆっくり食べる時間がない」と言うかもしれませんが、一回の食事に二〇分かけるというのは、やってみればそれほどむずかしくはないはずです。

前項で述べた腹八分目を実践しやすくするためにも、ちゃんと満腹中枢が刺激されるように「ひと口二〇～三〇回噛むこと」も心がけてください。

午前中は「食べる」より「出す」に気をつける

「頭のいい子は、朝ごはんをしっかり食べる」――これは常識になっています。

しかし、**「できる四〇代は、朝ごはんをしっかり食べる」とは、いちがいには言えません。**

いろいろな健康意識調査でも、あるいは私のクリニックにやってくる人と話していても、多くの人が「朝食をとる＝健康」「朝食を抜く＝不健康」というイメージを持っているようです。

たしかに、肉体労働で体力を使う人や育ちざかりの子どもは、朝もしっかり食べる必要があります。早く起きて散歩をしたり、庭仕事をしたりなど体を動かした後に朝食をとる人も、しっかり食べていいでしょう。体がほぐれ、食べものを消化する態勢ができているからです。

あなたはいかがでしょうか。

もし、朝起きてすぐに支度を整えて出社し、仕事はデスクワークが中心——こういう生活スタイルであれば、**朝食をしっかりとるのはむしろ体の負担**になります。

体には「日内変動《にちない》」というリズムが備わっています。そのリズムにより、体は昼に向けて活発になっていくようになっています。

この日内変動をもとに考えると、一日を三つの時間帯に分けることができます。

①午前四時から正午まで↓「排泄」の時間
②正午から午後八時まで↓「消化」の時間
③午後八時から午前四時まで↓「吸収」の時間

　したがって、「**朝食は軽め、昼食をしっかり、夕食も軽め**」というのが、適切な食事配分なのです。

　午前四時から正午までは、栄養をとることよりも、「排泄」に重きを置きます。

　朝食は軽めにし、胃に負担をかけないようにします。お粥に漬物、それにお茶で十分です。

　正午から午後八時までは、体がもっとも活発に動く時間帯です。血糖値を上げ、エネルギー補給がされるように、昼食はしっかり食べましょう。

　会社員で外食が多いなら、魚料理がメインで、漬物、みそ汁がついた和定食がいいでしょう。肉が食べたければ、鶏肉をおすすめします。一週間単位で考えるならば、洋食、中華は週に二日ほどにしておくのがいいでしょう。

　そして午後八時から午前四時までは「吸収の時間」ですから、夕食は軽めにすませます。

　軽めと言っても、「何を食べるか」には気をつけてください。

　まず血糖値が上がりやすい食べ物――ごはんなどの炭水化物と、砂糖がたくさん含まれた甘いものは、極力控えます。夜間にこうした食べ物を食べても、余分なエネルギーが蓄えられて太るだけだからです。

また、睡眠中は、細胞の傷を修復し、若返りを進めてくれる成長ホルモンが分泌される時間帯です。ところが夜間に血糖値が上昇すると、成長ホルモンの分泌が抑えられてしまうのです。

では、夜は何を食べたらいいかと言えば、タンパク質の豊富な食べ物です。

タンパク質は、筋肉をつくる源になります。

タンパク質を効果的に摂取するには、筋肉がつくられる時間帯に合わせて摂取するといい――その時間帯は、運動後の三時間と夜寝ている間ですから、夕食はタンパク質の豊富な食事にしておきましょう。

魚介類と豆腐・納豆などダイズ食品の組み合わせは、タンパク質食材の最強コンビです。刺身と冷や奴、いか納豆といった献立を考えてみてください。

夜は「量を少なく、タンパク質を多く、糖質を少なく」を心がけてください。

野菜を食べるだけで「太らない」「病気にならない」

野菜は、「太らない食べ方」の万能食材です。

野菜はカロリーや脂質が少ないだけでなく、野菜に含まれる「ビタミン」「ミネラル」「食物繊維」こそ、「太らない体」をつくるのに欠かせない栄養素だからです。

ビタミンやミネラルは、「糖質」「脂質」「タンパク質」の三大栄養素がエネルギー源になったり、細胞や器官などの体の構成成分になったりするプロセスを、補助・調整しています。

三大栄養素が、それぞれ**体の維持に必要な物質にスムーズに変化するのは、ビタミン、ミネラルの働きのおかげ**なのです。

また、食物繊維は糖や脂質などの吸収を調整したり、腸の機能を高めて排泄をスムーズにしたりしています。

このように、消化、吸収から排泄までのサイクルがしっかり成り立っている体こそ「太らない体」と言えます。だから、**そのすべてを可能にする野菜は、「太らない食べ方」の万能食材**なのです。

では、いったい一日にどれくらいの野菜を食べればいいのでしょうか。

一日三五〇グラム以上、うち一二〇グラム以上を緑黄色野菜にする――これが厚生労働省の推奨する野菜の摂取量の目安です。

三五〇グラムとは、野菜炒め二皿分、生の野菜にすると、ラーメンどんぶりにこんもりするくらいです。キャベツの外葉なら七枚分（一枚約五〇グラム）、ナスなら四個分（一個約八〇グラム）です。

このように書くと相当な量に思えるかもしれませんが、食べ方しだいでは十分摂取可能な量です。

「野菜を三五〇グラム食べる」と言うと、何となく生野菜をバリバリ食べるようなイメージを持ちませんか。

だから「どんぶり一杯分なんて無理！」と思ってしまうのかもしれませんが、みそ汁、煮もの、おひたし、酢の物、漬物などにすれば一気にカサが減ります。こういう料理を選べば、三五〇グラムは意外と簡単にとれるものなのです。

ですから、今日からは意識して、野菜がたくさん使われている料理を選ぶようにしましょう。

また、野菜には、がんや心臓病などの病気のリスクを低下させ、寿命を延ばす働きもあります。

たとえば、デンマークのある研究では、「現在のデンマーク人の平均的な野菜摂取量は一日あたり二七〇グラムだが、これを四〇〇グラムに増やすと寿命は〇・八年延び、がん発症率は一九パーセント低下する。さらに五〇〇グラムまで増やすと寿命は一・三年延び、がん発症率は三二パーセント低下する」と報告されています。

また、アメリカのある研究では、「野菜・果物の摂取が一日三回以上の人と一回以下の人を比較すると、前者は心臓発作や心臓病による死亡が少ない」ことが明らかにされています。

このように、**いいことばかりの野菜は、たくさんとるに越したことはない**のです。

レインボーフード――太らない人の「上手な野菜の食べ方」

ここで「賢い野菜のとり方」を紹介しましょう。

まず、**一つの野菜を大量にとるのではなく、いろいろな野菜をまんべんなくとる**ことが大切です。

野菜には、大きく分けて緑黄色野菜と淡色野菜の二種類があります。

緑黄色野菜は、緑色や黄色といった色が濃い野菜です。老化防止に非常に有効なベータカロテンが豊富に含まれ、動脈硬化、心臓病、脳卒中、がんなどの予防にも役立ちます。

具体的には、パセリ、コマツナ、シュンギク、ニラ、ニンジン、ホウレンソウ、カボチャなどです。

淡色野菜は、文字どおり色の薄い野菜です。免疫力を高め、動脈硬化やがんのリスクを低下させるビタミンCが豊富に含まれています。また、ストレスに対する対抗力も高め、潤いのある肌をつくる効果もあります。

具体的には、キャベツ、キュウリ、セロリ、ダイコン、ハクサイ、タマネギなどです。ビタミンCは加熱すると失われやすいため、なるべく生で食べたいものです。

ここで注意したいのは、野菜の色のバランス。海外では「レインボーフード」などと呼ばれていますが、「赤、橙、黄、緑、青、紺、紫」というように、緑黄色野菜と淡色野菜を複数、織り交ぜて食べることをおすすめします。

また、「旬」の野菜をとることも大切です。

ハウス栽培が成立している今では、一年中どんな野菜でもスーパーに並んでいます。でも、「太らない体」をつくるには、やはり**冬には冬の野菜を、夏には夏の野菜を食べるのが一番いい**のです。

したがって、「緑黄色野菜と淡色野菜を複数、組み合わせて食べる」＋「旬の野菜を食べる」——これが「太らない体」をつくる「賢い野菜のとり方」と言えます。

この二点を合わせると、季節ごとに食べるべき野菜が見えてきます。次ページをご覧ください。

春・夏・秋・冬に食べる野菜はこれ！

春	ナノハナ	キャベツ	タマネギ
	ニラ	コマツナ	ジャガイモ
	アスパラガス	オクラ	シイタケ
	タケノコ	フキ	ウド
夏	キュウリ	トマト	レタス
	タマネギ	ナス	インゲン
	ピーマン	ニンニク	
秋	サツマイモ	ジャガイモ	サトイモ
	レンコン	ナガネギ	シュンギク
	ゴボウ		
冬	ニンジン	ダイコン	ナガネギ
	ハクサイ	カブ	ホウレンソウ
	ブロッコリー		

（提供：W・クッキングラボラトリー）

「賢い野菜のとり方」をするか、しないかで、一年後のあなたの体は大きく違ってくるはずです。

ここで一つ、注意しておきたいことがあります。

野菜ジュースを飲むことは、賢い野菜のとり方とは言えません。

複数の野菜を手っ取り早くとるために、「一日分の野菜を一缶に凝縮したジュース」を飲めばいい——このように考えた方は、きっと多いことでしょう。すでに実践している人もいるかもしれません。

でも、野菜は「**食べる**」。**それでこそ、野菜に含まれる栄養素は力を発揮**します。

「野菜を食べる」のと「野菜ジュースを飲む」のとでは、何が違うのでしょうか。

体に入るビタミン、ミネラルの量は同じですが、食物繊維の量が違います。野菜ジュースになると、食物繊維が四割ほども減ってしまうのです。

さらに、消化・吸収の過程や速さが大きく異なります。

野菜を、よく噛んで飲み込む、それが胃で分解されて消化・吸収される——こうした過程をしっかり経てはじめて、「体に入った栄養素」は「実際に体にとり込まれる栄養素」となります。

それには、過程を経るための時間が必要です。ところが、ジュースだと摂取から消化・吸収までのスピードが速いので、栄養として十分、吸収されません。**体に入るビタミン、ミネラルの量は同じでも、「実際に体にとり込まれる量」が、ジュースだとぐっと減ってしまう**のです。

ですから、「野菜ジュースを飲むこと」は、「野菜を食べることの代わり」にはなりません。そのような安易な考えは今すぐに捨てて、野菜をたっぷり食べましょう。

「ワカメの味噌汁」……体がスッキリする簡単メニュー

食べるだけで、体をスッキリさせてくれる栄養素があります。

食物繊維――文字どおり、食物に含まれる繊維質です。

栄養素と言っても、食物繊維のカロリーはゼロ、栄養分もゼロ。しかし、食物繊維は、体にとり込まれない代わりに、ほかの栄養素の消化・吸収を調節し、余分な栄養素や有害物質を排出してくれます。

食物繊維は、体の「そうじ屋」

と言えるのです。

そもそも日本人は、豊富に食物繊維をとっていました。野菜、豆、精製されない穀類などを中心とした日本の伝統食は、食物繊維の宝庫です。

ところが、食が洋風化するにつれて、タンパク質、脂質の多い食事に変わり、食物繊維をとる量が大きく減ってきています。

厚生労働省の調査によると、昭和三〇年代までは、食物繊維の一日の摂取量は平均二二グラムでした。

ところが、現在は一五グラム程度にまで低下しています。それが肥満や便秘、さまざまな生活習慣病を招く要因の一つと指摘されています。つまり、現代の食生活は、私たちをどんどん「太りやすい体」にしていると言えます。

では、一日にどれくらい、どのようにして食物繊維をとればいいのでしょうか。

厚労省が推奨する食物繊維の摂取量は、成人で一日一九～二〇グラム。「わずかな量」と思うかもしれませんが、じつは、食材の量にすると相当な量になります。

野菜にも食物繊維は含まれていますが、一日の適量である三五〇グラムを食べても、食物繊維は一九～二〇グラムに達しない場合が多いのです。

たとえば、乾燥の切干しダイコン一〇〇グラム中には、二〇グラム強の食物繊維が含まれていますが、調理すると三倍以上にカサが増します。これは、およそラーメンどんぶり山盛り一杯分です。とても一日に食べられる量ではありません。

じつは、**もっと効率的に食物繊維をとれる食べ物**があるのです。

キノコや海藻類です。

キノコはけんちん汁や鍋物にします。海藻類はサラダ、みそ汁（ワカメ）、ヒジキ煮などにします。かさばらないので量がとれます。ほかの野菜といっしょにとるといいでしょう。

「太らない体」をつくるうえで、食物繊維がどれほどの役割を果たすか、次にざっと挙げてみましょう。

「太らない体」と言っても、やせることを意味するのではなく、若さを保つ、若返るといった意味です。

①噛む回数を増やし、唾液の分泌を良くする――消化の促進、肥満の予防

②消化液（すい液、胆汁）の分泌量を増やし、働きを良くする――消化の促進
③腸内の有害物質の排出を促す――便秘の予防、がんの予防、美肌
④腸内細菌のバランスを良くする――整腸、免疫力アップ、感染防御
⑤便を軟らかくし、量を増やす――整腸、便秘の予防・改善
⑥血糖値の急上昇を防ぐ――「糖化」の抑制、肥満や糖尿病の予防・改善
⑦血中コレステロールの上昇を防ぐ――脂質異常症の予防・改善、動脈硬化の予防

その他、塩分の吸収を抑制して血圧の上昇を防ぐ、腸の粘膜を保護して潰瘍を予防する、といった健康上の働きもあります。実際、食物繊維の一日の摂取量が三〇グラムの人は、一五グラムの人に比べて、心臓発作を起こす確率が三分の一、という調査結果もあります。

食物繊維は、「太らない体」をつくるとともに、健康維持にも欠かせない重要な栄養素なのです。

「一日一個の卵」がなぜ、こんなにも体に効くか

卵を食べるとコレステロール値が上がる——。

長い間、広く信じられてきた「常識」ですが、じつは間違っています。それどころか、**卵を食べるとコレステロール値が下がると言ってもいいくらい**なのです。

三〇年ほど前、ロシアの学者が、ウサギに卵を食べさせたところ血液中のコレステロール値が上昇し、動脈硬化が進行したという実験結果を発表しました。以来、卵がコレステロールを上げる、という説が常識になってしまいました。

しかし、そもそもウサギは草食動物です。食べたこともない卵を餌に入れられたら、特異な変化が起きて当然です。

アメリカでも一九六〇年代、卵黄にコレステロールが多いとして、健康のために卵を控えるべきだという考えが広まりました。

以降、数々の研究、実験が重ねられたところ、人間ではコレステロールの上昇は見られないことが確かめられています。逆に、「毎日数個の卵を二週間食べつづけた結果、血中コレステロール値が下がった」という結果も出ているほどです。

そもそも、人間の血中コレステロールのほとんどが肝臓でつくられます。食材中のコレステロールが、そのまま血中コレステロールとなる割合は少ないのです。ですから、卵が持つコレステロールが血中に流れ出すことは、ほとんど考えられません。

卵は人間に必要な二〇種のアミノ酸をほぼ完璧なバランスで含んでいる、数少ない優良食材です。**老化防止になる抗酸化物質も含まれていて、「体の錆び」を落としてくれる**のですから、「太らない体」をつくるためには、安心して食べてもらいたい食材です。

一番いい卵の食べ方は、半熟ゆで卵か温泉卵。消化器への負担が少ないからです。半熟卵一個の消化に要する時間は一時間半。生卵、ゆで卵はそのほぼ一・五から二倍かかります。玉子焼きになると二倍以上になります。

スクランブルエッグは加熱によって卵黄が酸化してしまうので、避けたほうがいいでしょう。「活性酸素」と同様に、体への酸化作用があるからです。

卵は一日一個——こう決めれば、卵はあなたの「太らない体」づくりに、大きく貢献してくれる食材なのです。

「太らない油・オリーブオイル」のすごいパワー

「太らない体」をつくると言っても、油をタブーにすることはありません。「植物油は体にいい」と信じている人も多いようです。そのためバターをマーガリンに替えたという人がたくさんいます。

たしかに、動物性の油は飽和脂肪酸を多く含んでいます。飽和脂肪酸には血中のコレステロール値を上げる作用があり、動脈硬化の進行を促したりするので、とりすぎは避けるべきです。

しかし、**動物性の油=悪、植物性の油=善ではありません**。植物油の中には動脈硬化の予防など、多くの有用な働きをするものもありますが、植物油なら何でも「体にいい」というわけではないのです。

たとえば、以前、植物油に含まれるリノール酸が「体にいい」とされ、おおいにとるよう推奨されたことがありました。その後、リノール酸は炎症のもとになる物質を増やすことがわかり、今ではとりすぎに注意すべき油脂の一つに加えられています。

マーガリンも、植物油です。植物性の油は、通常、常温では液体のはずなのですが、マーガリンは固形です。なぜでしょうか。

化学的に水素を足して、固形にしているからです。その結果、自然界には存在しない脂肪（トランス脂肪酸）が副産物として混じっています。これが、たいへん体に有害なのです。

マーガリンは植物性の油ですが、**じつのところマーガリンほど危ない油はない**、と言ってもいいくらいです。

アメリカでは発がん性があるとして規制されていますが、日本では菓子パンやケーキなどの原材料にマーガリンが使用されています。マーガリンに限らず、市販の植物油はほとんどが、有機溶剤を使用した抽出法によってつくられています。

本当に「体にいい油」は、オリーブオイル、ゴマ油など、昔ながらの圧搾法でつくられた植物油です。パンにつけるなら、マーガリンよりもオリーブオイルのほうがはるかに健康的です。

オリーブオイルでも、香りの高いエクストラバージンオイルは酸化が少ないうえ、抗炎症作用や強力な抗酸化作用のあるビタミンEを含み、おすすめです。

オリーブオイルを常食していると、血液中の善玉コレステロールが増え、悪玉コレステロールが減ってきます。これが動脈硬化の予防につながります。実際、オリーブオイルを常食している地中海沿岸の人には、心臓病が少ないのです。

日本でもオリーブの産地である香川県小豆島では、多くの人たちがいつまでも黒々とした髪を持っています。彼らは若さを保っているということです。

ほかにも、オリーブオイルは胃では胃酸の分泌過多を防ぎ、腸では栄養素の吸収を助けます。オリーブオイルを常食したら、糖尿病の患者さんの血糖値が下がったという報告もあります。さらには乳がんや前立腺がんを抑制するという報告もあるなど、**オリーブオイルは、植物性の油の中ではもっとも体にいい油**と言えそうです。

もちろん油分をとりすぎれば、体脂肪率のアップにつながりますが、油を忌み嫌うことはありません。

そのうえで、油をとるならオリーブオイル、と心がける——トーストにたっぷりとつけていたマーガリンも、サラダにたっぷりとかけていたドレッシングも、明日からはオリーブオイルにしましょう。

「白米・食パン・白砂糖」が太るもとだった!

白米、食パン、白砂糖——これらの共通点が何だか、わかりますか。

正解は、**すべて「太りやすい体」になる元凶**だということ。

「太らない体」をつくるには、こうした白い食べ物ではなく、お米なら玄米や胚芽米、パンなら全粒粉パン、砂糖なら黒砂糖をとるようにしてください。

白米に食物繊維が豊富な大麦を加えるというのも一つの方法です。白米に二割ほど入れるとおいしいと言われていますが、これは人それぞれです。

なぜ、白米、食パン、白砂糖が太る元凶となるのか。

それは、白米、食パン、白砂糖は、穀物を精製したもの——つまり穀物の表皮を削りとってつくられるからです。白米は玄米を精製したものだし、食パンは、小麦を精製して粉末化した小麦粉が原料になっています。また白砂糖も、黒砂糖を精製してつくられます。

これらの精製された食べ物——「白い食べ物」の問題は、**精製される過程で、表皮に含まれているビタミンやミネラルがそぎ落とされてしまう**ことです。

これが、「太りやすい体」につながってしまうのです。

「白い食べ物」をお腹いっぱい食べても、ビタミン、ミネラルが補えません。すると、体は不足しているビタミン、ミネラルを求めます。つまり、「白い食べ物」をいくら食べても体に必要な栄養素が補えないため、もっと食べたくなってしまうのです。

こうしてどんどん摂取カロリーが過剰になり、肥満が進むというわけです。

さらに、「白い食べ物」は軟らかく、消化・吸収のスピードが速い、というのも問題です。血糖値が急激に上がるからです。

これまでにも述べてきたように、血糖値が急激に上昇すると、インスリンが過剰に分泌され、糖を脂肪に変えてエネルギーとして蓄えます。これが「体脂肪」のもととなります。

このように、白米、食パン、白砂糖は、「太りやすい体」をつくる「三大元凶」なのです。

逆に、精製されていない穀物には、「太らない体」をつくるうえでさまざまなメリットがあります。

まず、精製されていない穀物は、たいてい食物繊維が豊富です。加えて、玄米には精神を安定させるビタミンB_1とストレスを緩和するカルシウムが多く含まれており、黒米や赤米には、強い抗酸化作用を持つポリフェノールが含まれています。

また、小麦の全粒粉には血圧を正常化するカリウム、動悸や息切れを改善する鉄が多く含まれています。すでに述べたように、「白い食べ物」よりも硬いため、「噛む回数」が必然的に多くなるというのも利点です。

このように、**精製されていない穀物は、さまざまな方向から「錆びない体」「太らない体」をサポートしてくれる**のです。

4章
忙しい人・疲れやすい人「熟睡・快眠のコツ」

◉「グッスリ眠れる人」は若く見える！

「よく寝る人ほど太らない」不思議メカニズム

「良い眠り」は、ダイエットにつながります。

眠り方のちょっとしたコツで、「太らない体」をつくる「**寝ながらダイエット**」になります。

「良い眠り」の条件は、夜の一〇時ごろから午前二時ごろまで深い眠りに入っていることです。

ここで働きざかりの四〇代は、「そんなの絶対に無理！」と思ったかもしれません。

もちろん、この条件を満たせるような生活パターンになるのが一番理想的ですが、眠り方のコツを知っておけば、この条件を満たせなくても、「良い眠り」ができるようになるのです。

「良い眠り」は、老化を抑える働きを持つ「成長ホルモン」の分泌を促してくれます。

「良い眠り」を得る最大の目的はここにある、と言っていいでしょう。また、良質な睡眠は、ストレスを軽減してくれるので、結果的に若返りホルモン「ＤＨＥＡ」を増やします。

「ＤＨＥＡ」は、副腎皮質でつくられて全身を巡っています。脳に回れば脳がイキイキし、皮膚に回れば、肌がみずみずしくなります。

また、筋肉に回れば筋力の衰えが防げます。筋肉は、脂肪を燃やす基礎代謝量に関係しています。つまり、「ＤＨＥＡ」が筋力に回れば基礎代謝量の低下が抑えられ、体は無駄にエネルギーをため込まなくてすむのです。さらに最近では、**「ＤＨＥＡ」に脂肪を燃やす作用がある**こともわかってきました。

「ＤＨＥＡ」は、若さのみならず「太らない体」に欠かせないホルモンなのです。「ＤＨＥＡ」を分泌する副腎は、ストレスが加わると活躍する器官です。「ＤＨＥＡ」の分泌を良くするには、副腎が健康な状態でなければなりません。だから、「良い眠り」を心がけて、副腎を休息させることが大切になります。

「午前一時過ぎに寝る中高年」は幸せになれない？

成長ホルモンは、**寝ながらにして美容もダイエットもかなえてくれるホルモン**です。

夜間、睡眠中に集中的に分泌され、次のような働きをします。

まず、成長ホルモンは、皮膚のメンテナンスを担っています。日中、紫外線を浴びてダメージを受けた肌を、夜の間に修復してくれるのです。

女性は「朝の肌」をバロメーターにして、「よく眠れなかったので、肌が荒れている」「よく眠れたので、肌のツヤがいい」などと言って気にしますが、理にかなったチェック法です。

次に、成長ホルモンは筋肉の増強にも大きく関係しています。運動で傷ついた筋肉にタンパク質を補給して傷を修復し、筋肉の量を増やしてくれるのです。

さらに成長ホルモンには、**体脂肪を減らす作用**もあります。体脂肪の分解をコントロールしている脂肪ホルモン（アディポカイン）に働きかけ、体脂肪を減らします。「良い眠り」とは、「成長ホルモンがしっかり分泌される眠り」と言われています。

本章の冒頭で、「夜の一〇時ごろから午前二時ごろまで深い眠りに入っていること」が「良い眠り」の条件だと言ったのも、じつはこの時間帯に深く眠っていると、成長ホルモンがもっとも活発に分泌されるからなのです。分泌は睡眠後、三時間ほど続きます。

一般に、「六時間から八時間、グッスリ眠る」のが「良い眠り」と考えられています。しかし、この条件を満たすだけでは「良い眠り」と言えません。睡眠は単なる休息ではなく、体を強くする役割を担っています。そのため、成長ホルモンの正常な分泌がなくてはならないのです。

睡眠時間を六時間以上とってグッスリ眠っていても、午前一時に寝ていては分泌が少ないので、ダイエットの効果は期待できません。

また、夜一〇時に寝ても、寝つけなかったり、深い眠りが少なかったりすれば、やはり成長ホルモンの分泌量は少なくなります。

成長ホルモンの脅威になるのが甘いものや炭水化物、アルコールです。これらには成長ホルモンの分泌を抑える作用があるからです。これらをとっていいのは就寝二時間前まで。それ以降は、厳禁です。

夜遅くまでお酒を飲み、ラーメンやお茶漬けで締めて、午前二時、三時に寝るというような生活では、成長ホルモンが十分に分泌されません。それで若さが失われ、「中年太り」がどんどん進んでいくのです。

仕事や付き合いで、夜一〇時に寝るのはなかなかむずかしいかもしれません。でも、ときには仕事も付き合いもない夜というのも、あるはずです。

先ほども述べたように、いつも夜一〇時に寝るのがむずかしければ、それなりに「良い眠り」をするコツというものがあります。

でも、もし何もしなくていい夜があったならば、極力、夜一〇時には寝床に入るようにしましょう。

「夜遅くまでお酒を飲み、ラーメンやお茶漬けで締めて、午前二時、三時に寝る生活」をむやみに続けて太るにまかせるか、できることから始めるか——。

選ぶのは、あなたです。

「快眠＋若返りの食材・レバー」を食べよう

日中、太陽の光を浴びると、「良い眠り」と「良い目覚め」が得られます。

通常、人は夜になると眠り、朝になると起き、日中に活動するというリズムで生活しています。これを「睡眠・覚醒リズム」と言います。

体はこのリズムに合わせて、夜は休息モード、日中は活動モードになっています。

夜遅くまで活動したり、朝遅くまで寝ていたりすると、「睡眠・覚醒リズム」が崩れてよく眠れなくなってしまいます。

こうして睡眠がさまたげられると、成長ホルモンの分泌がうまくいかなくなります。

それのみならず、不眠は体にとって最大のストレスとなりますから、**ストレスを大敵とする若返りホルモン「DHEA」の分泌までさまたげられてしまう**のです。

これほど成長ホルモンと「DHEA」の分泌に大切な「睡眠・覚醒リズム」をつく

っている物質の一つが、セロトニンです。脳内で情報を運ぶ神経伝達物質で、太陽の光を浴びたり、運動をしたりすることによって分泌が進みます。

セロトニンが足りているか、不足しているかで、私たちの心も体も、大きく違ってきます。**「太る体」「太らない体」も、セロトニンに左右されている**のです。

セロトニンが脳内に十分にあるときは、大脳の働きが活発になり、活動的、積極的になります。また、興奮やイライラ、不快感などが抑えられ、心が安定します。食事をしたときには、満腹中枢に満腹サインを送って、肥満を防いでくれます。

しかし、脳内に不足すると、たちまち支障が生じます。

日中働いたセロトニンは、暗くなると脳の中心部（松果体）にあるホルモン分泌器官で、誘眠ホルモンであるメラトニンに変換します。セロトニンが脳内に不足するということは、このメラトニンが十分に分泌されないということです。したがって、寝つきが悪くなり、深い眠りが十分に得られなくなります。

そして、やる気を失ったり、活動がおっくうになったり、気分が沈み込んだりしてしまいます。また、食事をとっても、その情報が満腹中枢へ伝わりにくくなり、食べすぎて肥満を招きやすくなります。

セロトニンがきちんと分泌されることが「太らない体」づくりでいかに大切か——

これで十分、おわかりいただけたことと思います。

セロトニンの敵は、ストレスです。過度なストレスを受けるとセロトニンの働きが悪くなり、「良い眠り」「良い目覚め」が妨げられます。それで、睡眠トラブルが起こったり、うつ状態になったりします。

逆にセロトニンの味方となるのは、すでに述べたように太陽の光。豆腐などの豆製品、ヨーグルトなどの乳製品、ごはんなどの炭水化物類、バナナなどの果物類と、セロトニンをつくる食材もたくさんありますので、ふだんからけっこうとれている人も多いはずです。

それ以外には、レバーを含む肉類と魚類が挙げられます。

肉類には、セロトニンの「材料」となる必須アミノ酸（トリプトファン）が含まれています。必須アミノ酸は体内ではつくれないので、食事でとらなければなりません。

また、レバー、魚類には、セロトニンをつくる手助けをするビタミンB_6が多く含まれています。

中でも強力なのは、レバーです。「**快眠＋若返りの食材**」と言っていいでしょう。

前に挙げたような「不足したときの症状」が出たら、より効果のあるレバーを一日一食だけでも取り入れてみてください。レバーばかりは嫌だ、と思われた方は、イワシやサンマといった青魚と合わせてもけっこうです。これを三、四日、続け、徐々に食べる回数を増やしていきます。

一日にどのくらいの量をとらなければならない、ということはありません。自分の感覚で、**以前より少しでも多くとることを意識する**。この意識づけが肝心なのです。成長ホルモンと「DHEA」の分泌量を増やすためにも、日中に太陽の光を浴びることに加え、レバーを意識的に食べるようにしましょう。

「寝る時間を決める」と眠りがグンと深くなる!

「良い眠り」が、「太らない体」をつくる——。

当然、寝つきが悪い、よく眠れない、といった悩みを一つでも持つ人は、それだけで「太る体」予備軍です。「良い眠り」を得られるように、そして成長ホルモンと「ＤＨＥＡ」が十分に分泌されるように、早めに対処しなければなりません。

寝つきが悪く、よく眠れない人は「眠り方」を変えてみるといいでしょう。

たいていは「朝五時に起きたいので、夜一〇時に寝る」というように、起きる時刻から睡眠時間を逆算して寝る時刻を決めます。

しかし、寝つきが悪く、よく眠れない人は、「明日の夜は一一時に寝たいので、明日の朝は六時に起きる」というように変えてみてください。そして、最終的には、起床時間を規則正しくすることを目標にします。

これは、**誘眠ホルモンであるメラトニンの性質を利用して、寝つきを良くする方法**です。「寝つきが悪い」「よく眠れない」といった軽い睡眠障害には、効果てき面なのです。

ここで私の指導例を紹介しましょう。

三九歳のＤさん（会社員・男性）は、寝酒にシングル一杯程度のウイスキーかブランデーを飲むのを習慣にしていました。

ところが、すぐに寝つけるものの、一、二時間ほどで目覚めて眠れなくなることがしばしば起こるようになりました。そのうち、だんだん寝酒の量を増やさないとうまく寝つけなくなり、シングル三、四杯くらい飲むようになってしまいました。

健康を考え、寝酒を控えようとしたのですが、「眠らなくちゃ……」と思えば思うほど頭がさえて眠れず、むずかしい本を読んでも眠気が起こりません。朝は起きるのがつらく、時間ギリギリまで寝ているようになりました。

このようなケースでは、サプリメントのメラトニンを利用するのが一番なのですが、Dさんの希望で、眠り方の工夫によって改善を目指すことになりました。

夜一一時までの就寝の習慣づけを目標に、起床時刻を六時に設定しました。

まず、眠気が起こるまで、床に入らないようにしました。当初は寝るのが午前三時、四時になりましたが、何時に寝ても起きるのは六時と決めました。それまでは午前一〇時か一一時まで寝ていた休日も、六時に起きるようにしました。

すると、一、二週間ほどは日中に眠気が生じて困りましたが、ついに夜一〇時ごろに眠気が生じるようになって寝つけるようになり、**朝もらくに起きられるように**なりました。

セロトニンとともに「睡眠・覚醒リズム」をつくっているのが、誘眠ホルモンのメラトニンで、睡眠時に分泌されます。

メラトニンは量を増やして眠気を起こし、眠りに誘導し、熟睡させます。そして、量を減らして眠りから目覚めさせる働きをしています。分泌量は午前二時〜四時にピークに達し、朝になると減少し、日中は少ないままで、**夜になると徐々に増加**していきます。

夜九時ごろに眠気を感じるレベルになり、一〇時ごろから一一時ごろまでに入眠レベルに達し、朝四時をピークに山型に上昇・下降して、八時ごろに低レベル（活動レベル）に戻ります。

これに合わせると、夜九時ごろにリラックスして寝る準備をし、一〇時から一一時の間に床につき、朝六、七時ごろに起きる——。これが、理想的な睡眠のとり方ということになりますが、こうした理想的な睡眠習慣はなかなかむずかしいに違いありません。

遅くまで働いたり、遊んだりしていると、寝つきが悪くなり、眠りが浅くなってしまうのは、このメラトニンの分泌サイクルを無視するからです。

ただ、メラトニンが増えはじめる時刻は、じつは一定しているわけではありません。

太陽の光が、メラトニンが分泌されはじめる時間を決めているのです。

毎朝、起きたときに太陽の光を浴びた瞬間に、その時刻から一四～一六時間後に増えはじめるよう、自動的にセットされます。たとえば、太陽の光を浴びる時刻が朝六時ならば夜八時～一〇時に、朝八時ならば夜一〇～一二時に増えはじめ、眠気を催します。

したがって、朝六時に起きて、十七時間後の夜一一時に寝る場合は、ちょうどメラトニンの分泌が増えているので、寝つきが良くなります。

しかし、朝八時に起きて、一三時間後の夜九時に寝る場合は、分泌量が増えていないので、寝つきが悪くなります。

このメラトニンの性質を知らないばかりに睡眠のリズムが乱れ、不眠症になってしまう人が少なくないのです。

もし、「寝つきが悪い」「よく眠れない」といった悩みがあるのなら、このメラトニンの性質を利用しない手はありません。

そこで先に述べたように、まず明日の「寝る時間」を決めます。そして、メラトニンの分泌が始まってから十分に分泌されるまでの時間を考えて、決めた「寝る時間」

「太らない睡眠サイクル」のつくり方

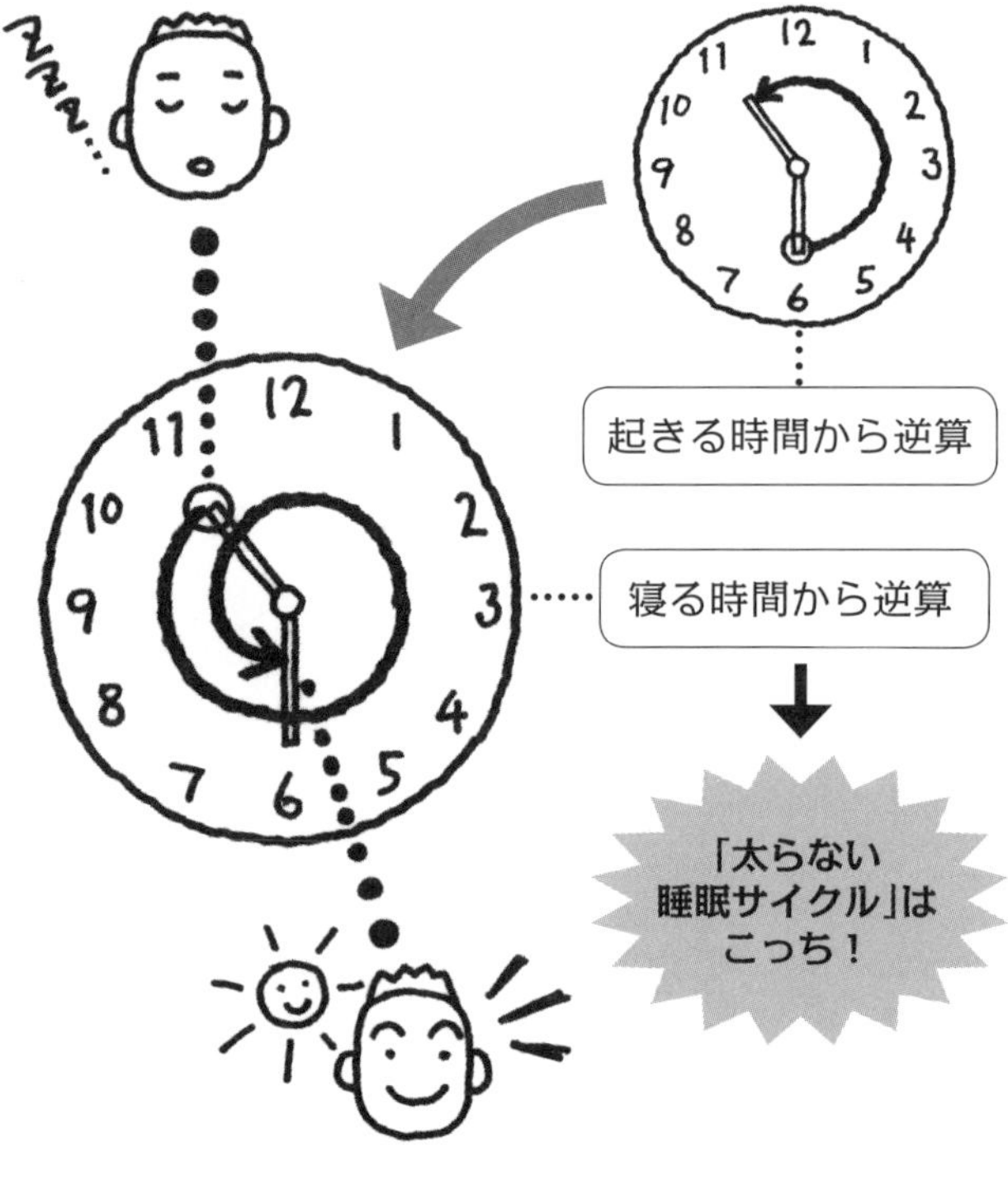

の一五〜一七時間前に「起きる時間」を設定します。

つまり、よく言われるように「七時間、寝る」ではなく、「一五〜一七時間、起きている」を基準にする、ということです。一五時間〜一七時間、起きていることにすれば、必ず狙った時間に睡魔が訪れ、グッスリ眠れる、というわけです。

そして朝起きたら必ず太陽の光を浴びること。雨の日でも外に出れば太陽の光を浴びたことになります。これで、寝たい時間に眠気が襲ってくるようになり、徐々に「良い眠り」が得られるようになります。

太らない体をつくる「頭のいい週末睡眠法」

人にはみな、「体内時計」があります。

体内時計をきちんとリセットできている人は、「良い眠り」を得ています。

時計と言っても、目からの情報を伝達する視神経に関係する神経細胞群なのですが、この時計は一日二四時間の本当の時計と異なり、一日二五時間（もっと長い人もいる）で回っています。そのため、私たちはつねに二五時間を二四時間に合わせ直して生活しています。

この時計は毎朝、太陽の光を浴び、目の神経を通る光の情報をキャッチすることで時間をリセットし、二四時間の生活リズムに合わせています。

じつは、誘眠ホルモンのメラトニンの分泌をコントロールしているのが、体内時計なのです。

一周二五時間の体内時計に合わせてメラトニンが分泌されると、分泌が始まる時刻が、毎日一時間ずつ遅くなっていきます。ある日、メラトニンの増加が夜一〇時に始まったとすれば、翌日は夜一一時、翌々日は午前〇時……一〇日後には午前八時に始まることになってしまいます。

そうならないのは、**毎日、体内時間をリセットし、ズレを修正している**からです。

体内時計を合わせそこなうと、睡眠トラブルが起こります。

たとえば、いつも〇時に寝て、七時に起きている人が、休日の土、日曜の二日間、午前一〇時過ぎまで寝ていると、体内時計は生活時計より二時間遅れになって、乱れが生じます。

それで、日曜夜から月曜朝にかけて、いつもどおり午前〇時に寝て、朝七時に起きようとすると、なかなか寝つけず、起きるのがつらくなります。七時に起きても、五時に起きるのと同じような感覚になるからです。

ですから、**休日の朝も、いつも起きている時間に太陽の光に当たって、体内時計をきちんとリセット**します。ふだん、朝七時に起きているならば、とにかく、いったんはその時間に起きて太陽の光に当たること。眠り足りないときは、二〇分程度の仮眠をとればいいのです。

その日の事情で起床時間をころころと変えていたのでは、メラトニンが正常に働く睡眠リズムが身につきません。

気をつけたいのは、「寝る時刻が遅くなって睡眠時間が短くなっても、起床時間は変えない」ということです。また、遅く寝た翌朝にいつもの起床時間を守ると、日中に眠くなります。このとき、眠気にまかせてだらだらと昼寝をしてしまうと、夜、寝つけなくなります。

したがって、「睡眠時間が短くなっても起床時間を変えない」「いつもと同じ時刻に

毎日、決まった時間に起きる！

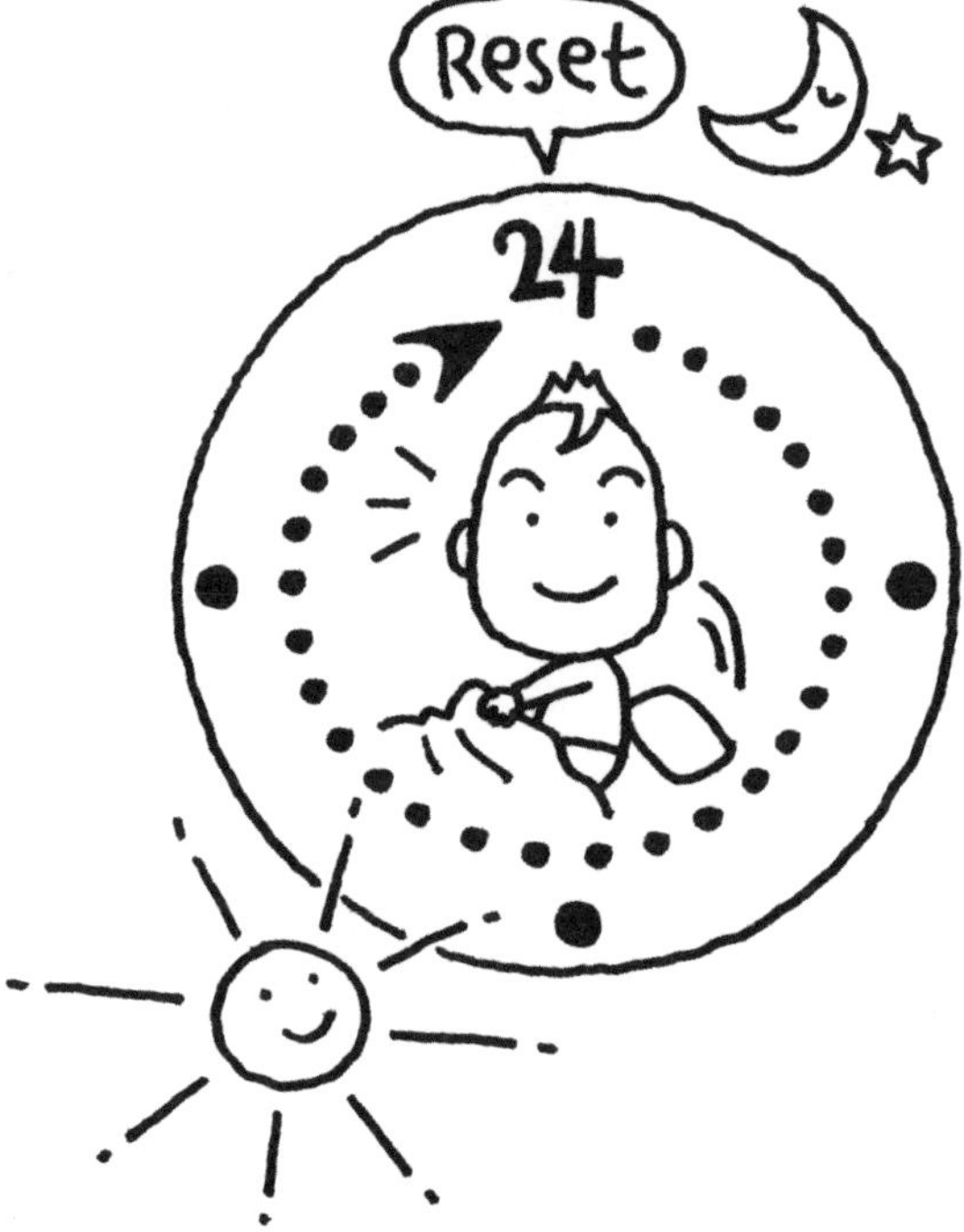

起きて太陽の光に当たる」「どうしても昼寝が必要なら、二〇分程度に」を守って、メラトニンの正常な分泌サイクルを保ちます。

この三原則が習慣化されれば、いつでも「良い眠り」が得られるようになります。

四一歳のEさん（男性）は、警備会社で働いていました。勤務は交代制で、夜勤明けの日の夜にうまく寝つけず、熟睡できないのが悩みでした。

本来、眠っているべき時間に働く仕事は、生活のリズムが乱れて当然です。と言っても、個人の都合で勤務体制を変えるわけにはいかないので、眠る工夫をするしかありません。

そこでEさんは、夜勤明けの朝、できるだけ太陽の光に当たらないようにしました。光に当たってしまうと、誘眠ホルモンのメラトニンの分泌が少なくなり、眠気がなくなってしまいます。濃いサングラスをして帰宅し、昼ごろまで寝ることにしました。午後まで寝ていると、夜、眠れなくなるからです。

そこで、Eさんは帰宅後、すぐに四時間ほど眠り、昼ごろに起きて、また午後三時ごろに二〇分程度の仮眠をとることにしたのです。

三〇分以上も眠ってしまうと、メラトニンの誘眠力が弱まって夜の寝つきが悪くなります。前にも述べたように、**仕事の都合で生活が不規則になっても、起床時間は変えてはいけません。**体内時計が乱れて、メラトニンが規則正しく分泌されなくなるからです。

その結果、やがてEさんは、帰宅後すぐに眠れるようになりました。昼間でも、深い眠りが得られると成長ホルモンが分泌され、体の機能が健全化されます。Eさんの夜の寝つきが良くなったのは、言うまでもありません。

熟睡を邪魔する「五つの壁」

睡眠そのものにも、リズムがあります。

いつでも「良い眠り」を確保し、**「太らない体」の基礎をつくるには、睡眠のリズムも無視できない**のです。

もし、眠りが浅い、夜中に何度も目が覚めてしまう、といった悩みがあるのなら、次のようなことが原因になっているのかもしれません。思い当たるものがあったら、すぐに対処したほうがいいでしょう。

歳をとるにつれて、睡眠の質は下がっていきます。それが、「太る体」に直結します。ですから、ちょっとしたことでも気をつけて、「良い眠り」を得やすい状態に持っていくことが大切です。

そもそも「睡眠」は、「レム睡眠」と「ノンレム睡眠」がワンセットになり、九〇分周期で四～五回繰り返されて目覚めに至ります。

「レム睡眠」は、体を休めるための浅い眠りです。体は眠っているのに、脳は活動しています。「レム睡眠」の代表的な役目の一つは、**心のメンテナンス**。眠っている間に、悲しみや怒りといった感情や精神的なストレスをやわらげているのです。

一方、「ノンレム睡眠」は、脳を休める睡眠であり、レム睡眠よりも深い睡眠です。その中にも「浅い眠り」と「深い眠り」があり、睡眠時の前半は「深いノンレム睡眠」が多く、後半は「浅いノンレム睡眠」が多くなります。

「ノンレム睡眠」の代表的な役目は、**体のメンテナンス**です。眠っている間に、脳の神経回路の調整、皮膚や筋肉の修復、免疫機能の強化などを行なっているのです。

これらの睡眠のバランスが良いとき、私たちは「グッスリ眠れた」と感じます。夜更かしして午前二時、三時に寝たり、早く寝ても途中で目覚めたりすると、睡眠のバランスが乱れ、熟睡感が得られません。当然、目覚めもスッキリしません。

歳を重ねるにつれて、睡眠のバランスは悪くなります。「深いノンレム睡眠」と「レム睡眠」が減少し、「浅いノンレム睡眠」ばかりが多くなって、途中で目覚めやすくなります。やがて、「年寄りは朝が早い」ということになります。

このように、歳とともに睡眠の質は低下します。

歳をとると避けられない変化の一つですが、「日中の活動量の減少」がいっそう睡眠の質を低下させているという一面もあります。

「グッスリ眠る」には、日中、一五分程度歩いたり、スポーツをしたりして、**できるだけ活動的に過ごすことが、まず大切**なのです。

浅い眠りが習慣づくと、ちょっとした刺激で目覚めやすくなります。街路灯の明かりや電話の音、車のクラクションなどで目覚めるようならば、寝室の遮光、遮音が必要です。

トイレに起きる回数が多いようならば、前立腺肥大症などの病気の可能性があるので、泌尿器科を受診しましょう。

また、脚がムズムズしたり、息苦しくなったりして目覚めるようならば、睡眠トラブルを起こす病気の可能性が高いので、睡眠の専門医に相談しましょう。

寝酒も、途中で目覚める原因になります。**アルコールを飲んで寝ると、寝つきは良くなりますが、寝ついて一、二時間後に目覚めてしまう場合が多い**のです。

寝つきが良くなるのは、アルコールがストレスをまぎらわせ、血行を良くするからです。目覚めてしまうのはアルコールの利尿作用、あるいは、血液中のアセトアルデヒドという有害物質の刺激作用のためです。

また、睡眠誘導物質であるメラトニンの分泌が減ってしまうことも、原因に挙げられます。

私たちの体は睡眠中、抗利尿ホルモンが分泌されてトイレに起きなくてすむようになっています。しかし、アルコールの利尿作用が強いと、トイレに起きるようになってしまいます。

アセトアルデヒドはアルコールが分解されてできる物質で、二日酔いの犯人です。

私たちの神経には、休息モードをつくる副交感神経と、活動モードをつくる交感神経とがあります。

睡眠中は、もちろん副交感神経が優位になっているのですが、アルコールが入るとアセトアルデヒドが交感神経を刺激し、寝ている途中で目覚めてしまうことも少なくないのです。そして、メラトニンの分泌も抑制されてしまいます。

寝る前の飲酒は睡眠の質を大きく低下させ、熟睡をさまたげます。酒を飲むときは寝る三時間くらい前までに終え、酔いが覚めてから就寝しましょう。

二三度――「グッスリ眠ってスッキリ起きる」室温

「眠るのに適した温度」というものがあります。

いつでも「良い眠り」を得るには、眠るときの「適温」にも気をつけたいものです。

その適温とは、**二三度**。暑くなく、寒くなく、心地良い温度です。

と言っても、ふとんの中の温度は調整しにくいので、室温を調節します。

室温の目安は、地域にもよりますが、**夏は二七～二八度、冬は一八～二〇度、湿度は五〇～六〇パーセント**です。エアコンだけでなく、除湿器や加湿器も上手に使いましょう。

なぜ、この温度が適温なのでしょうか。

睡眠の第一の役割は、脳のオーバーヒートを防ぐことです。

そのために、体温を下げて脳を冷やします。体温が下がると、眠くなるのです。

体温は活動と休息のリズムに合わせて、上がったり下がったりしています。運動や食事などに敏感に反応し、小幅な上下を繰り返していますが、活動しているときは高く、寝て休息しているときは低くなります。

通常、日中はずっと高く、夕方の六時ごろにもっとも高くなった後、少しだけ下がります。午後一一時ごろから急速に下がり、午前三時～四時にもっとも低くなった後、低いレベルを保ち、翌朝七時ごろから急速に上がり、高いレベルとなります。

体温が下がって眠くなるとき、誘眠ホルモンのメラトニンの分泌がさかんになります。メラトニンと体温は互いに影響しあって、眠りをつくっているのです。

体は皮膚から放熱して血液を冷やし、これを循環させて体温を下げます。

たとえば、赤ちゃんの手が温かくなってくると、お母さんは「眠くなったのね」と言ってふとんをかけてやり、寝かせます。手が温かくなるのは、体温を下げて眠りに入る準備のため、副交感神経が働き末梢血管が広がり、手から放熱しているからです。

うまく放熱し、体温が下がれば、眠気が生まれ、すんなり寝つくことができます。うまく放熱できないと、体温が下がらず、寝つきが悪くなります。

ですから、**ふとんの中を、体が放熱するのに適した温度に保つことが大切**です。

その適温が、三三度なのです。

適温より低いと、体は、冷えすぎるのを防ぐために、筋肉を緊張させて熱をつくります。したがって、体温がスムーズに下がりません。逆に、適温より高いと、体は汗をかいてしまって体温を効率良く下げることができません。すると、寝つきが悪くなってしまいます。

だから、寝るのにちょうど良い温度になるように、室温を調整することが大切なのです。

「太らない体をつくる枕」がある

寝具も、睡眠の質を左右します。

枕、掛けぶとん、敷きぶとん、パジャマ……。すべてが、眠りの質に関係しているのです。

まず、枕は「高すぎず、低すぎず」が基本――**仰向けに寝たときの姿勢を横から見て、立った姿勢と同じになる高さ**が理想的です。

高すぎると、首の痛みや肩こりが起こりやすくなります。

フカフカしすぎて頭が沈み込むと、首に負担がかかり、脳への血流に影響することもあります。逆に、硬すぎてもその刺激が寝つきを悪くし、熟睡をさまたげます。

朝まで目覚めずに眠れたとしても、起きたとき首や肩に違和感があり、頭がスッキリしないときは、枕の高さや硬さが原因かもしれません。

また、吸湿性と通気性も重要です。夏は放熱性、冬は保温性の高い素材を選びましょう。

枕同様、ふとんも無視できません。やはり吸湿性、通気性は大切です。

冬の時期にふとんの保温性が低いと、ふとん内の適温が保てず、寝つきが悪くなったり、途中で目覚めたりします。

掛けぶとんは、軽くて薄めのものが適しています。重い布団は、それが刺激となって途中で目覚める原因となる場合があります。薄いものを何枚か用意しておき、掛ける枚数で暑さ寒さに対応します。

敷きぶとんやベッドマットは「硬すぎず、軟らかすぎず」が基本です。感触は人によって違うので、実際に寝心地を試して選びます。

最近は、さまざまなマットレスが開発されています。

寝返りが多く、そのたびに目覚めたり、眠りが浅くなったりしてしまうという人のために、寝返りを減らす低反発マットレスや、寝返りがスムーズにできるマットレスなども市販されています。

どのタイプのマットレスが合うかは、体型によって決まるので、「心地良さ」を目安に自分に合ったものを探す必要があります。

パジャマは、体を締めつけないものが適しています。

締めつけると、それが刺激となって眠りが浅くなる場合があります。季節に合わせて吸湿性や通気性、放熱性、保温性の良いものを選びましょう。

これまでにも述べているように、「良い睡眠」は、成長ホルモンと「DHEA」の正常な分泌に大きく関わっています。「良い睡眠」を得るコツについては前項まで紹介してきたとおりですが、**それを一〇〇パーセント機能させるためには、こうした寝具選びも見過ごせない**のです。

寝る前の一〇分で「ストレスをゼロにする」！

睡眠は、最高のストレス解消法です。

グッスリ眠れば、心の不安や悩みはやわらぎ、体の疲れは回復します。しかし、逆にストレスが「良い眠り」を妨げる最大の要因になることも、多々あります。

強いストレスがあると、グッスリ眠れず、睡眠不足になり、ますますストレスがたまっていってしまうのです。

それが若返りと「太らない体」に欠かせない成長ホルモンと「DHEA」の分泌をさまたげることは、今や言うまでもないでしょう。

人の体には、目、耳、皮膚などさまざまなセンサーが備わっていて、意識するしないにかかわらず、つねに外界からの刺激を受けとり、反応しています。この過程でストレスが発生しています。

より良い眠りを得るためには、寝る前に、効果的なストレス緩和法を行なうことが大切です。

その方法はたくさんありますが、ストレスをやわらげるのにもっとも有効なのは、**何もしない「自分だけの時間」を持つこと**です。外界からの刺激を完全にシャットアウトする時間を持つことで、ストレスはやわらげられます。

ですから、寝る前の一〇分でも、外界にいっさい反応しなくてもいい自分だけの時間をつくりましょう。

想像や思考も刺激になるので、音楽も本もなしです。できるだけ頭の中がからっぽになるように過ごしましょう。テレビを見たり、音楽を聴いたり、家族と話したりしては、のんびりくつろげたとしても、センサーは働いているので、「自分だけの時間」と言えません。

この「自分だけの時間」におすすめしたいのが、腹式呼吸です。

正しい呼吸法は、心身のリラックスにたいへん有効です。人は呼吸によって、体外から酸素をとり込むだけでなく、体内の老廃物や二酸化炭素を排出しています。**呼吸は便や尿を排泄したり、汗をかいたりするのと同じように、「体のそうじ」の手段でもある**のです。

正しい呼吸法を身につけている人とそうでない人では、健康状態に大きな差が出てきます。

深く正しい呼吸をするだけで、血液の巡りが良くなり、肩こりは改善し、疲労は早く回復します。心身ともリラックスしてストレスは軽減し、心が安定してきます。呼吸は自分でコントロールができ、速くしたり、遅くしたり、長くしたり、短くしたり、深くしたり、浅くしたりできます。

正しい呼吸法は、次のような「呼気（口から吐く息）の長い腹式呼吸」です。

①口をすぼめて、ゆっくりと息を吐きます。お腹をへこませ、お腹の底から空気を少しずつすっかり吐ききります。鼻から吐いてもいいのですが、口から吐いたほうがより長く吐ききることができます。

②ゆっくりと鼻から息を吸います。お腹をふくらませ、お腹の底に空気をためるように、深く吸い込みます。

正座でも、椅子に座った場合でも、姿勢を良くしないとこの呼吸法はできません。背筋を伸ばして、腹に手を当てます。口から息を吐く（呼気）のにともなってお腹がへこみ、鼻から息を吸い込む（吸気）のにともなって、お腹がふくれることを確かめながら行ないましょう。

呼気は、吸気の二倍くらい長く行なうのがコツです。

長い呼気によって副交感神経に働きかけて、活動モードから休息モードに変え、ストレスを軽くします。ストレスホルモンの過剰分泌も抑えられ、ホルモンバランスも良くなります。毎日、思いつくたびに何回でも、トータルで一〇～二〇分程度になるまでやってみましょう。

座禅や瞑想も、腹式呼吸が基本です。筋肉を伸ばして緊張をほぐすストレッチも、腹式呼吸で行なうと、リラックス効果がいっそう高くなります。

ストレスは、四〇代、五〇代の体の最難敵です。そして**ストレス追放は、「DHEA」の分泌を促し、「太らない体」をつくるための最高の特効薬**となるのです。

5章

「体にいいこと」だけをやりなさい！

◉「健康が詰まった一錠のサプリ」の活用法

若返りホルモン「DHEA」はサプリでもとれる！

「太らない体」をつくるには、サプリメントの力を借りるのも賢い方法です。私自身も、サプリメントを利用しています。

「中年太り」のもとになる老化が進行している患者さんには、まず運動、食事、睡眠の改善を指導しますが、食事を改善する補助としてサプリメントを利用するケースが少なくありません。

サプリメントを利用する目的は食事で不足しがちな栄養素を補うことですが、もう一つ、**体の「酸化」を食い止める、つまり「体の錆び」を落とすという重要な役割**があります。また、不足して体の不調を招いているホルモンを補うためにも使います。サプリメントによって、より効果的に老化を進みにくくすることができるのです。

本章では、「太らない体」をつくる賢いサプリメントの使い方を紹介しましょう。

まずご紹介したいのが、本書のキーワードにもなっている「ＤＨＥＡ」です。この**若返りホルモンをそのまま補えるサプリメントが、ある**のです。

私がおすすめする「ＤＨＥＡ」のサプリメントは合成ホルモンではなく、ヤムイモという植物から抽出した成分です。

男性ホルモンの血中濃度が減少すると、筋力の低下が起こり、「何かをしよう」という意欲や「がんばろう」という気力が失せていきます。うつ病と間違われる場合もあります。

歩く速度が以前に比べて遅くなった感じがする、通勤経路は変わらないのに、駅の階段を上ると息切れがする、姿勢が悪くなった……これらは筋力低下の兆候です。

また、一カ月に二回は映画館や芝居に出かけていたのに、最近は足が遠のいてしまった、おいしい店があると聞けばすぐに行っていたのに、ここ三カ月はグルメ歩きをしていない、外出着でも量販店で売っている安い服ですませるようになった……という変化があった場合、意欲の低下が生じているのかもしれません。

こうした症状に、心当たりはありませんか。

もしあるようでしたら、体の老化が進んでいるということかもしれません。

若返りホルモン「ＤＨＥＡ」のサプリメントと、栄養バランスを整える「マルチビタミン」「マルチミネラル」を合わせて飲むことをおすすめします。

危ない食品――あなたにサプリが必要な理由

食事で栄養をとっているはずなのに、なぜサプリメントが必要なのでしょうか。

いろいろな栄養素をバランス良くとることで、私たちの体は健康に保たれています。栄養が足りているか、不足しているかは、厚生労働省が定めた「栄養所要量」が基準になります。**「最低でもこのくらいとっておかないと、病気になりますよ」**という量です。

平均的に見れば、日本人はほぼすべての栄養素が、この栄養所要量に達しています。ですが、当然のことながら、「平均値」とは極端に言えば「最大値」と「最小値」を足して二で割っただけの数字ですから、じつは栄養所要量に達していない人、いわば

「潜在的な栄養欠乏症」の人もたくさんいるはずなのです。

あなたもじつは、そうかもしれません。

だから、サプリメントを効果的に使いたいものです。

サプリメントを使う理由は、これだけではありません。

じつは、**食材自体の栄養価が、以前より低下している**のです。

野菜の栄養価は五〇年前の八分の一から二〇分の一に落ちている、と言われています。トマトに含まれるビタミンCの量だと、一〇分の一です。

また、野菜のビタミン、ミネラルは収穫されて時間が経つほど失われるので、スーパーマーケットに並んだときには、かなり失われています。

さらに、ただ千切りにするといった加工をしただけでも、ビタミン、ミネラルはかなり失われてしまうのです。

そこで、足りない栄養素を狙って補えるサプリメントの出番になります。

ただし、サプリメントは薬でなく「食品」です。ですから、食べ物の消化、吸収、排泄に個人差があるように、サプリメントの効果の出方も、人それぞれだと思ってください。

もっと言えば、**効果を実感できるものが、自分の体が必要としていたサプリメント**と言えます。「効果がないと思われるもの」を続ける必要はありません。

また、薬と違って飲むタイミングや分量が明確に決められているわけではありませんが、私は食事の際に飲むことをすすめています。とくにベータカロテンやビタミンEは「油溶性」――油といっしょにとると吸収率が良くなります。飲む量は、ラベルに書いてある目安量を飲みます。

栄養素の中には、とりすぎないほうがいいものもあるので、サプリメントを飲む際にも注意してください。

また、サプリメントには、植物などの天然素材のものと、化学的に合成されたものとがあります。同じ物質で作用も同じですが、ビタミンEのように効果に差が出るものがあります。なるべく天然素材のものを選ぶのが無難でしょう。

注意してほしいのは、慢性病があり、薬剤を常用している場合です。サプリメントは「食品」とは言っても、特定の栄養素を特定の形でとることになりますので、主治医に相談したうえで判断してください。

四〇代の必須サプリ「マルチビタミン」「マルチミネラル」とは？

あなたに足りていない栄養素は、なんでしょう。

簡単に特定できるものではないので、まずは「マルチビタミン」「マルチミネラル」のサプリメントから始めましょう。

必要なビタミン、ミネラルをすべて調合した、非常に便利なサプリメントです。

現在知られているビタミンは一三種類あります。すべての種類が十分にそろってはじめて、体は正常に働きます。一種類でも不足すると、ほかのビタミンが十分でも、体の働きが悪くなるのです。

糖質、脂質、タンパク質を十分にとっても、ビタミンが不足すると、体も脳も疲れやすくなります。あるいは、スタミナがなくなったり、集中力が低下したり、肥満になったりするという人が少なくありません。

ミネラルはカルシウム、マグネシウムなど、全部で二〇種類ほどあります。**体の臓器や組織を整備の行き届いた器械のように働かせるために、必要な栄養素**です。たとえばカルシウムには、骨をつくったり、筋肉を正常に動かしたりする重要な役割があります。

「マルチビタミン」「マルチミネラル」を基本として、生活状況や体調などに応じて「必要と思われるもの」を追加するのがベストです。

不足している栄養素を特定するには、かなりくわしい検査が必要ですが、それほど厳密に考えることはありません。健康診断の結果や日々の生活状況から、起こりやすい体調不良、気がかりな心身の変化を探り、それに対応する栄養素のサプリメントを選べばいいのです。

たとえば、仕事が終わるとぐったりし、動くのがおっくうになるなど、疲れやすくなった場合、ビタミンB群などが不足している可能性があります。よく溜息をついたり、「根気がなくなった」「集中力がなくなってきた」などの「自覚」が現われたりしたら、確実に「疲れやすい体」になっています。

「なんか、最近、よくかぜをひくなあ」「今度のかぜは治りが遅いなあ」などと、「か

ビタミン、ミネラルを味方につける！

ぜ」が気にかかるようになったら要注意です。ビタミンA、C、亜鉛などが不足している可能性があります。

また、皮膚に今までになかったシミが生じたり、日焼けの後にシミが残ったりするような場合は、ビタミンC、Eなどが不足している可能性があります。野菜、とくにニンジンなどの緑黄色野菜や魚が苦手な人は、要注意です。

これらの症状はさまざまな要因で生じるので、ビタミン、ミネラルの不足だけが原因とは限りません。ただし、多くの場合は、ビタミン、ミネラルを補給することによって改善します。

これらはすべて、体の中で老化が進んで太りやすい環境に変わりつつある、という悪いサインです。**老化を止めて、「太りにくい体」に改善するためにも、サプリメントの力を借りる**必要があります。

老化現象を一つひとつ潰して、「太りにくい体」づくりがスムーズにいくよう、サプリメントの力も借りましょう。

「最近、歳だな」と思ったら「コエンザイムQ10」

「体の錆び」に直接的に働くサプリメントがあります。

四〇代のすべての人、とくに次のことに当てはまる人には、ぜひとってほしいものです。

・ほぼ毎日、三時間以上の残業をしている人
・神経を張りつめる仕事をしている人
・スポーツクラブで定期的にスポーツをしている人
・健康診断などで血圧や血中コレステロール、血糖などの値が高いと指摘された人
・日焼けの後にシミが残りやすい人
・人や物の名前が出てこず、「アレ、ソレ」という代名詞が多くなった人

・速足で歩くと息が切れたり、足がもつれたりする人
・性欲が一カ月以上起こらない人
・家族に口臭を指摘されたことがある人
・ベッドに入って三〇分以上寝つけない人
・食後、胃のあたりに不快感がある人

「錆止め」として、まずおすすめしたいのは、EPA（エイコサペンタエン酸）、DHA（ドコサヘキサエン酸）を多く含む青魚（イワシやサバなど）です。魚をあまり好まないのであれば、EPA、DHAをサプリメントで補います。

「錆止め」、すなわち抗酸化物質には、じつに多くの種類があります。ベータ－カロテン、ビタミンC、ビタミンEは抗酸化ビタミンとして知られています。これらの栄養素は、野菜を十分に食べていれば、だいたいとれます。

抗酸化サプリメントとしてはコエンザイムQ10、アルファリポ酸、ポリフェノール、ピクノジェノールのほかにアスタキサンチン、レスベラトロールが知られています。

コエンザイムQ10は、**体内でエネルギーをつくる際に必要な栄養素**です。心臓の血

液循環を促し、筋肉にエネルギーを供給し、運動能力を高める作用がありますが、

四〇歳前後から急激に不足しやすくなります。

コエンザイムQ10はイワシ、サバ、ウナギ、牛肉に含まれていますが、微量なのでサプリメントで補うといいでしょう。私も、このサプリメントを愛用しています。

アルファリポ酸とは、脂肪酸の一種です。水銀などの有害重金属の排出、神経組織の保護などの作用もあります。糖尿病による神経障害の予防効果があります。

ジャガイモ、ホウレンソウ、トマト、ニンジンなどに多く含まれていますが、一定量以上をとるならば、やはりサプリメントが適しています。

ポリフェノールは、植物に含まれている色素、香り、苦味、渋味などの成分で、約三〇〇〇種類あります。

フラボノイドとノンフラボノイドがあり、前者は赤ワインのアントシアニジン、お茶のカテキン、後者はゴマのリグナンなどが知られています。その作用は抗がん、抗菌、抗ウイルス、心臓病予防とさまざまですが、すべて抗酸化作用を持っています。

野菜に含まれるポリフェノールが多いので、ある程度は食事でとることができますが、毎日一定量を確実にとるには、サプリメントが必要です。

ピクノジェノールは、四〇種類以上のポリフェノールが結合している天然成分で、抗酸化力はビタミンCの三四〇倍、ビタミンEの一七〇倍もあると言われています。

抗酸化作用が強いという点では、**四〇種類以上のポリフェノールが含まれている天然成分のピクノジェノールがおすすめ**です。

Fさん（男性・三八歳）は、流通の仕事をしています。仕事の量は増えていないにもかかわらず、疲れやすくなり、寝ても疲れが残るようになり、肝臓でも悪いのではないかと検査を受けたのですが、異常は見つかりませんでした。

私のクリニックでの検査では、手足の冷えがあって血流が悪く、エネルギー代謝も良くないようでした。

さらに、酸化ストレスレベルが高く、体の錆びが進んでいるうえ、かぜをひくと治りにくそうで免疫力も低下していました。

Fさんにはマルチビタミン、マルチミネラル、EPA、DHA、コエンザイムQ10のサプリメントを処方しました。

とくに、ビタミンB群を多めに処方したのは、ナイアシン、葉酸、ビタミンB_6、ビタミンB_{12}などが疲労の回復に欠かせないものだからです。EPA、DHAは血流を良くし、体内にたまった疲労物質の除去を早めてくれます。コエンザイムQ10は、強力な抗酸化物質です。

糖質の多い食事の改善と、適度な運動を並行して行なってもらいました。疲労対策にはかつて言われた「エネルギー源の糖質をしっかりとる」というよりも、代謝を良くするビタミン、ミネラル類を十分補うほうが有効なのです。

現在、Fさんは疲れにくくなり、集中力もアップしたと喜んでいます。

「酢豚にパイナップルを入れる」医学的な理由

「太らない体」をつくるには、胃腸をつねに正常に働かせる必要があります。

第一に「食べ方」に気をつけることが大切ですが、**これをサプリメントでさらに強化する方法**があります。

まず、胃もたれには、消化酵素のサプリメントがいいでしょう。

胃液には胃酸と消化酵素が含まれていて、食べたものを消化するためには両方がバランス良く分泌されなければなりません。

胃もたれがするときは、消化酵素を補うと改善します。消化酵素のサプリメントは日本では市販されていないのですが、アンチエイジングドックで扱っています。私のクリニックでも、頻繁に利用しています。

食材ではパイナップル、パパイア、アボカドなどが消化を助けます。

酢豚にパイナップルを入れるのは理にかなったアイデアで、パイナップルに含まれるたんぱく質分解酵素が、豚肉の消化を助けてくれるのです。

消化酵素のサプリメントでも改善されない場合は、ピロリ菌（胃潰瘍や胃がんの原因になる）によって胃酸のペーハー（酸性度またはアルカリ性度を計る単位）が変わり、消化が遅くなり、不快症状を起こしている可能性があります。慢性的に胃の調子が良くない人は、除菌を考える必要があるので、消化器の専門医に相談しましょう。

四二歳のGさん（男性・機械メーカー勤務）は二、三年前から胃もたれが起こるようになり、春くらいから胸焼けがひどくなってきたため、あまり食欲がわかないと言っていました。

食道や胃の検査を受けたところ、「潰瘍やがんはないけれど、胃の機能が低下し、胃酸が逆流して胸焼けを起こしている」と言われたそうです。

以前は胃酸の分泌が過剰になると、逆流性食道炎になると考えられていました。しかし実際は、胃酸が減少して胃内の酸性度が下がると、逆流を防いでいる胃の入口が緩み、胃の内容物が逆流しやすくなると言われています。

Gさんは胃酸の分泌が減って消化が悪くなり、食物が長く胃にとどまるために胃もたれを起こしていました。そして、胃の内容物が逆流しやすくなったため、胃液の刺激で食道炎、つまり、胸焼けが起こっていたのです。

そこで、胃酸の働きを助ける消化酵素をサプリメントで補うことにしたところ、胃もたれも胸焼けも、すぐに改善されました。

胃の次は腸です。きちんと排泄するために、腸内環境をサプリメントで正常化することもできるのです。

腸内環境は、心臓や脳など生命に直結する部位と比べて、軽視されてきました。しかし最近は、**腸内細菌のバランスが、全身状態や老化の進行に深く関わっている**ことがわかってきました。

腸内には多くの細菌が住みついています。いい働きをする善玉菌と、害を及ぼす悪玉菌があり、二、三割が善玉菌ならば健康な腸内環境と言われています。

これは便ではっきりと判断できます。茶色く、ほど良い軟らかさ（見た目の感じが、チューブの歯磨き剤より少し硬めで、形がある程度）で、あまり匂いもせず、水に浮くような便が出るときは、腸内は善玉菌の多い状態です。

便秘がちで、黒っぽく、匂いも強く、硬くて水に沈むような便が出るとき、あるいは下痢をするときは、腸内は悪玉菌が多い状態です。

腸内環境を整えるには、乳酸菌、ビフィズス菌、納豆菌のサプリメントを飲みます。とくに乳酸菌は毎日補給することが重要です。便を出すことによって腸内環境がリセットされるからです。

きちんと食べ、消化・吸収し、きちんと出すことは、「太らない体」の絶対条件です。

胃もたれや胸焼けを解消すること、腸内そうじを習慣づけることは、「太らない体」づくりに欠かせないことなのです。

「太らない」だけでなく「臭わない」体も実現！

「太らない体」をつくる際に、消化・吸収を担う胃腸以外に大事なところがあります。それは歯です。

きちんと噛めなければ、消化・吸収も正常にできず、したがってきちんと「出す」こともできません。消化から排泄までが正常に行なわれない体は、「太る体」です。

意外な盲点となりやすいのですが、**歯の健康を保つことも、「太らない体」につながっている**のです。

四〇代になったら気をつけてほしいのは、歯周病です。

口臭のもとにもなり、「オヤジ臭さ」の要素の一つになりますから、早く手を打ちたいものです。

歯周病の大きな原因の一つは、口の中に生息する細菌の仕業です。

したがって、歯周病予防の第一は、細菌の発生と繁殖を防ぐ歯磨きです。

近年、プロポリスの成分を含んだ歯磨き剤に、歯周病菌の繁殖を抑制する効果があることがわかってきました。私のクリニックでは、このプロポリス歯磨き剤をおすすめしています。

プロポリスのほかに、ビタミンB_6、葉酸を飲むのも効果的です。歯ぐきの血流を良くするためにルンブルキナーゼやEPAとDHAのうち、どれか一つを利用するのが良いでしょう。

また、虫歯が原因で歯ぐきの炎症や歯肉炎が起こっている場合は、体を錆びさせる「活性酸素」が大量に発生しているので、抗酸化物質もいっしょにとりましょう。

不老長寿のホルモン「メラトニン」を使いこなす

サプリメントで、「寝ながらダイエット」をより効果的にする方法があります。

寝つきが悪い、夜中に目が覚める、朝早く目が覚めてしまう、眠りが浅いといった悩みがなかなか消えないという人は、ぜひ試してもらいたい方法です。

誘眠ホルモン、メラトニンをつくる材料となるアミノ酸は鶏肉、卵、牛乳などに多く含まれています。メラトニンそのものを多く含む食材はトウモロコシ、玄米、ダイコン、バナナなどです。

メラトニンが少ないために不眠が起こっている場合は、食材やサプリメントでその分泌量を増やすことによって、「良い眠り」が得られます。ただし、メラトニンの分泌はさまざまな要因に左右されるので、サプリメント服用に際しては専門医に相談したほうがいいでしょう。

メラトニンには質の良い眠りをつくるという作用のほか、さまざまな老化防止作用があります。

そのため、メラトニンは「**不老長寿のホルモン**」と言われています。

こう呼ばれはじめたのは、イタリアの世界的なメラトニン専門家であるウォルター・ピエルパオリ博士の実験がきっかけです。メラトニン入りの水を与えたマウスと普通の水を与えたマウスの寿命を比較したところ、前者のほうが二〇パーセントも延びたというものでした。

人の寿命に換算すれば、二五年も長生きし、一〇〇歳まで生きた計算になります。しかも、メラトニンを与えられたマウスは、**体力も筋力も衰えず、白内障も起こさず、免疫力も性機能も低下しなかった**というのですから、驚きです。

メラトニンには、強力な抗酸化作用があります。

同じ抗酸化物資でもビタミンCは水にだけ溶け、ビタミンEは油にだけ溶けますが、メラトニンは水にも油にも溶け、「体の錆び」の元凶である「活性酸素」にも有効なのです。

また、メラトニンを服用すると、体の免疫機能を担う抗体（免疫グロブリンA）やNK（ナチュラルキラー）細胞が増加することもわかっています。メラトニンが、体の免疫力を高めてくれるのです。

さらに、高かった血中コレステロール値が下がった、血圧が正常レベルに下がったという研究報告もあります。

ビタミンを超えたビタミン――「ビタミンD」の威力

最新のサプリメントの話題で外せないのが、ビタミンDです。

日本ではまだ注目度が低いのですが、海外では健康常識として、毎日のように話題に上ります。

ビタミンDは、ただのビタミンではありません。

ビタミンという名前がつけられているために、日本では軽く見られていますが、じつはホルモンに匹敵するくらいの重要な役割を持つのが、ビタミンDです。

ビタミンDの働きというと、従来は骨の健康しか注目されていませんでしたが、近年の研究では、免疫力の調整、がんの予防、神経疾患の予防、うつの予防など全身の機能のさまざまな分野に大きな影響があることがわかってきました。

中でも注目したいのが、メタボ対策です。

ビタミンDが多い人ほど内臓脂肪がつきにくいということが、わかってきたのです。「太らない体」を目指すうえでは聞き逃せない話題ではないでしょうか。

ビタミンDは、日光浴で補充することが可能と言われています。たとえば、半袖、半ズボンで週に三回、三〇分間日光浴することで、ほぼ十分なビタミンDが補充できるのですが、これは夏の話です。

食事で補給することも可能です。ただ、栄養士さんにビタミンDの話をすると、決まって「干しシイタケを食べましょう」ということになりますが、残念ながら人体が必要としているのは、動物性のビタミンD_3と言われています。

食材でもっとも効率良くビタミンDを補給できるのは、魚です。中でも、サケはもっとも多くのビタミンDを含む魚と言われています。

日ごろから日光を浴びることを意識し、肉よりも魚中心の食生活であれば十分だとされていますが、当院外来のデータを見ると、血液中のビタミンDの平均値（二三ng／ml）は専門機関などが推奨する濃度（三〇ng／ml）より少なく、とくに、女性が低い傾向にあります。現代人はビタミンD不足状態にあるのです。

日に当たらない、魚を食べない人は、サプリメントのお世話になるのが一番の解決策です。

ここで、サプリメントをこれから利用したいという人、あるいはすでに利用している人のために、参考としてビタミンDの一日の必要量を挙げておきましょう。

以前は一日の必要量が四〇〇ＩＵ（国際単位）と言われていましたが、現在は最低でも一〇〇〇ＩＵ、できれば二〇〇〇〜三〇〇〇ＩＵが望ましいと言われています。

自分がどのくらいのビタミンDを必要としているかを知りたいのであれば、アンチエイジングクリニックなどの専門医に相談してください。ちなみに、私自身は五〇〇〇ＩＵを摂取しています。

「血管の汚れ」をスッキリ取る法

「錆止め」ができている体は、**細胞や器官の一つひとつがイキイキと**働いています。

これが、若い体です。

とくに、「錆止め」をしたいのが血管です。血管は全身にくまなく張り巡らされたライフラインです。六〇兆個もの細胞に栄養と酸素を届けています。

若いときはツルツルしてきれいだった血管の内壁も、歳を重ねるにつれて有害金属などがこびりつき、弾力を失ってきます。あるいは、傷んでもろくなります。血管の老化です。

この血管の老化を止めて機能を守ることは、体の若さを保つうえでもっとも大切な条件です。

血管のケアで、今、アメリカで関心が高まり出したのが「キレーション治療」です。アンチエイジング医療の最先端を行く一分野です。日本でも、だんだん注目されはじめています。

「キレーション治療」は強力な抗酸化作用を持つキレート剤（有機化合物のEDTAというアミノ酸）を点滴して、体内に蓄積されている有害金属――「活性酸素」の大量発生の原因になる――を体外に出してしまうものです。

「キレーション」は、ギリシア語の「キール＝カニのハサミ」を語源にする言葉です。「キレーション治療」は、イメージで言えば、「キレート剤のEDTAにはカニのハサミのような作用があり、それが体内の金属をつかんで尿とともに体外に出る」となるでしょうか。実際の治療はビタミン、ミネラルとともにＥＤＴＡを一時間半以上かけて点滴します。

「キレーション治療」は「活性酸素」の攻撃でダメージを受けた血管を修復し、確実に若返らせる、生活習慣病の新しい療法です。とくに、一度なったらなかなか元に戻らないとされていた動脈硬化が、「キレーション治療」によって著しく改善するようになったのです。

吸い込む力の強い電気掃除機を使って「体内そうじ」を行なうようなものですから、体内環境がきちんと整えられます。そのせいか、「キレーション治療」を受けた男性患者さんの中には、**加齢臭、いわゆるオジン臭さが消えた**という人もいます。これは副産物ですが、体が若返った何よりの証拠です。

血管年齢を若返らせることが、体がいつまでも若いままでいられる条件なら、「太らない体」をつくる目的の一つは、いつまでも若い血管を保つことである、と言えるでしょう。

ビタミンB群で「何歳になっても太らない体」！

何歳になっても活動的でいられる――これを叶えるサプリメントがあります。

四〇代を迎えると、ひざなど関節痛に悩まされる人も、多いことでしょう。

関節痛は、筋力の衰えが原因です。そうなると、動くことがどんどんおっくうになり、簡単な運動すらも苦痛になります。

言うまでもなく、そのまま放っておけば、**老化と肥満がセットであなたの体を襲う**ことになります。

いくつになっても軽い運動くらいはできるように、筋力の衰えを防ぐサプリメントと、関節の痛みをやわらげるサプリメントをおすすめします。

運動能力の衰えは筋力や柔軟性の低下と神経・筋肉間での反射時間の延長から起こります。

筋力を支配しているのは、男性ホルモンです。

筋トレによって筋肉量を増やし、筋力を高めることができますが、ホルモンの血中濃度の検査で、「DHEA」やテストステロンのレベルがかなり低いような場合は、**サプリメントでホルモンを補う必要**があります。

神経・筋肉間の反射時間の延長というのは、神経から筋肉への情報伝達に時間がかかることで、とっさの反応が遅れて転倒したりします。「タンパク質の糖化」が原因になりやすいので、糖代謝を助けるビタミンB群のサプリメントをとることも、重要です。

また、神経系の血流を良くするイチョウの葉エキスなどのサプリメントも運動能力の向上に役立ちます。

ひざの関節に痛みや違和感があって、十分な運動ができない場合は、コンドロイチンとグルコサミン硫酸のサプリメントがおすすめです。コンドロイチンはサメのヒレ、グルコサミンはエビやカニに多く含まれている成分です。

関節の痛みに有効なコラーゲンがあります。コラーゲンには骨や筋肉、腱などに多いI型と、関節などに多いII型があり、注目されているのは後者のサプリメントです。

鶏の軟骨から抽出された天然成分で、熱処理などによる変質がなく、高い活性を維持している「UC-II」というサプリメントです。

これまでの話で、サプリメントが、「太らない体」づくりに重要な役割を果たすことがおわかりいただけたでしょうか。

ただし、ビタミンやミネラルなどの栄養素は、基本的には食事からとるべきものです。サプリメントは、**その補助として利用することで、「太らない体」づくりに大きな効果を発揮する**のです。

本書は、本文庫のために書き下ろされたものです。

満尾正（みつお・ただし）

満尾クリニック院長・医学博士。

一九八二年、北海道大学医学部卒業。内科研修を経て杏林大学救急医学教室講師として救急救命医療に従事。ハーバード大学外科代謝栄養研究室研究員、救急振興財団東京研修所主任教授を経た後、二〇〇一年、日本ではあまり知られていなかった「キレーション治療」（有害金属の体外排泄と動脈硬化に有効な点滴治療）を中心とした満尾クリニックを開設。「アンチエイジング（老化防止）医療」の日本国内における先駆者となる。著書に『125歳まで元気に生きる』（小学館）『実践ハッピーエイジング』（ＰＨＰ研究所）などがある。

満尾クリニックホームページ

http://www.drmitsuo.com/

知的生きかた文庫

40代《だい》からの「太《ふと》らない体《からだ》」のつくり方《かた》

著　者　満尾《みつお》　正《ただし》
発行者　押鐘太陽
発行所　株式会社三笠書房
郵便番号一〇二-〇〇七二
東京都千代田区飯田橋三-三-一
電話〇三-五二二六-五七三四〈営業部〉
　　〇三-五二二六-五七三一〈編集部〉
http://www.mikasashobo.co.jp
印刷　誠宏印刷
製本　若林製本工場

ISBN978-4-8379-7834-3 C0130

「知的生きかた文庫」の刊行にあたって

「人生、いかに生きるか」は、われわれにとって永遠の命題である。自分を大切にし、人間らしく生きよう、生きがいのある一生をおくろうとする者が、必ず心をくだく問題である。

小社はこれまで、古今東西の人生哲学の名著を数多く発掘、出版し、幸いにして好評を博してきた。創立以来五十余年の星霜を重ねることができたのも、一に読者の私どもへの厚い支援のたまものである。

このような無量の声援に対し、いよいよ出版人としての責務と使命を痛感し、さらに多くの読者の要望と期待にこたえられるよう、ここに「知的生きかた文庫」の発刊を決意するに至った。

わが国は自由主義国第二位の大国となり、経済の繁栄を謳歌する一方で、生活・文化は安易に流れる風潮にある。いま、個人の生きかた、生きかたの質が鋭く問われ、また真の生涯教育が大きく叫ばれるゆえんである。そしてまさに、良識ある読者に励まされて生まれた「知的生きかた文庫」こそ、この時代の要求を全うできるものと自負する。

本文庫は、読者の教養・知的成長に資するとともに、ビジネスや日常生活の現場で自己実現できるよう、手助けするものである。そして、そのためのゆたかな情報と資料を提供し、読者とともに考え、現在から未来を生きる勇気・自信を培おうとするものである。また、日々の暮らしに添える一服の清涼剤として、読書本来の楽しみを充分に味わっていただけるものも用意した。

良心的な企画・編集を第一に、本文庫を読者とともにあたたかく、また厳しく育ててゆきたいと思う。そして、これからを真剣に生きる人々の心の殿堂として発展、大成することを期したい。

一九八四年十月一日

押鐘冨士雄